正心

如何成为一家受人尊敬的企业

王衍兵 ◎ 著

中华工商联合出版社

图书在版编目（CIP）数据

正心：如何成为一家受人尊敬的企业 / 王衍兵著. -- 北京：中华工商联合出版社，2023.4
ISBN 978-7-5158-3620-1

Ⅰ. ①正⋯ Ⅱ. ①王⋯ Ⅲ. ①企业管理 Ⅳ. ① F272

中国版本图书馆 CIP 数据核字（2023）第 057116 号

正心：如何成为一家受人尊敬的企业

作　　者：	王衍兵
出 品 人：	刘　刚
责任编辑：	吴建新
装帧设计：	张合涛
责任审读：	付德华
责任印制：	迈致红
出版发行：	中华工商联合出版社有限责任公司
印　　刷：	北京毅峰迅捷印刷有限公司
版　　次：	2023 年 5 月第 1 版
印　　次：	2023 年 5 月第 1 次印刷
开　　本：	710mm×1000 mm　1/16
字　　数：	161 千字
印　　张：	14
书　　号：	ISBN 978-7-5158-3620-1
定　　价：	58.00 元

服务热线：010-58301130-0（前台）
销售热线：010-58302977（网店部）
　　　　　010-58302166（门店部）
　　　　　010-58302837（馆配部、新媒体部）
　　　　　010-58302813（团购部）
地址邮编：北京市西城区西环广场 A 座
　　　　　19-20 层，100044
http://www.chgslcbs.cn
投稿热线：010-58302907（总编室）
投稿邮箱：1621239583@qq.com

工商联版图书
版权所有　盗版必究

凡本社图书出现印装质量问题，请与印务部联系。
联系电话：010-58302915

推荐序一

威利士公司成立于2001年，20多年来专注于建筑装饰行业，拥有成熟的管理体系，构建了以奋斗者为本的企业文化，注重品质与服务，视质量为道德底线，在苏州装饰行业中，是唯一获得苏州市市长质量奖的企业，在2023年成功晋级为中国建筑装饰行业百强企业。历经三年疫情考验，目前企业发展持续向好，品牌影响力稳步提升，这是很不容易的。

本书的作者王衍兵先生，是我为数不多的企业家朋友。我们初识于一次江南文化会议上，作为一家建筑装饰企业掌舵人，他对苏州的经济、文化的独到见解引起我的注意，也为我们深入研究江南文化提供了不同的视角。此后，我们又有数次交流，他关于做一家受人尊敬的企业的努力，他对匠心品质的不懈追求，他在企业管理中做出的创新探索，特别是他关于文化引领企业发展的思考和实践，和我们团队一直探索推动的文化引领区域和城市高质量发展也有异曲同工之妙，这是我们一直保持联系的主要原因。

不久前，他将自己从事企业管理的经验和心得，总结撰述为《正心》一书。本书的主要内容，一是从为什么、要如何、将来会如何的角度，分享了新颖有效的企业内部管理方法；二是注重理论联系实际，通过案例分享，展示了企业文化在管理中的重要作用；三是传承发扬了儒家的"正心"理论，他认为从个人到团队、由内部到外部，由文化一线贯穿，人的发心正了，就会把事情做好，而好的产品品质，一定来自参与者的正向发心。这些不仅可以为企业管理者提供借鉴，对于普通人也是开卷有益的。

最后，衷心希望作者和他的企业越做越好，希望有更多的企业家和读者朋友关注本书。是为序。

上海交通大学教授　刘士林

2023年3月22日

推荐序二

我相信，每位企业家都希望创办一家受人尊敬的企业，为客户创造价值，为员工创造平台，为股东创造财富，为社会贡献福祉。

可是，真正做到的人有多少呢？

有的人把客户当傻子，坑蒙拐骗，质量事故频发；

有的人把员工当"机器"，忽视人才培养，阻碍员工成长；

还有的人缺乏社会责任感，目光短浅，唯利是图。

要成为一家受人尊敬的企业，首先必须尊重人。 人才是第一因素，也是创造企业价值的最重要驱动者。

20多年来，威利士建筑装饰工程有限公司的掌舵者王衍兵董事长在企业不断发展壮大的同时，致力于培养优秀的行业人才，总结优秀的发展经验，探索先进的管理方法，让威利士品牌始终打上受人尊敬的烙印，成为受人尊敬的企业。

要成为一家受人尊敬的企业，必须打造值得尊敬的企业文化。 书中的成人达己、舍九取一等经营哲学，心中有尺、眼中有事、脑中有思、行中有力等管理理念，以及不走捷径的品质理念，"企业领导就是产品经理"的产品理念，还有"砸掉一切不合格"的锤子文化等很多案例，都体现出威利士"品质立企、人才强企、文化兴企"的经营理念。

读《正心》这本书，对我也是一种激励和教育。一个个真实生动的故事，带我看到了威利士人一步一个脚印的坚定前行，不断探索变革谋发展，看到了威利士这家企业回报社会的志向情怀，以及对客户的负责，对员工的关爱，对社会的贡献。

人生不该设限，一切皆有可能。从威利士身上，我看到一家受人尊敬的企业的特质。这些特质，是可以被复制的。只要你以人才为根本，成人达己，笃行不怠，就有可能引领行业前行，促进社会进步，创造非凡成就。

让我们以梦想为灯塔，做一家受人尊敬的企业，不断砥砺前行，实现精彩幸福的人生。

李践

2023年3月24日

目录 Contents

上篇　正　心

第一章　成人达己：做一家受人尊敬的企业

1.1　使命：建设匠心工程、筑造百年品牌 / 006

1.2　愿景：做一家受人尊敬的企业 / 016

1.3　价值观：诚信、创新、高效、感恩 / 019

1.4　战略定位：世界级高科技、高品质的公司 / 029

第二章　"锤子精神"：专注把工程事业做到极致

2.1　专注＝舍九取一，深耕工程事业 / 035

正　心

2.2　工程事业 = 打造安全、健康、幸福生活 / 039

2.3　极致 = 品质 + 服务 / 043

第三章　经营哲学：三观正的人一定能做成一家价值观正的企业

3.1　用心讲话，用爱做人 / 054

3.2　全力以赴，保证成果 / 063

3.3　做企业，要为社会创造价值 / 073

3.4　做自己，以利他之心行利他之事 / 077

第四章　管理理念：心中有尺，眼中有事，脑中有思，行中有力

4.1　制度化：制度大过总经理，流程大过董事长 / 088

4.2　程序化：好的过程决定好的成果 / 091

4.3　透明化：所有的事情都能拿到台面上来讲 / 096

4.4　安全化：每一个员工的背后都是一个家庭的责任 / 101

4.5　精细化：用工匠精神对待每一个细节 / 106

4.6　人性化：管理要懂人性、知人欲 / 111

下篇　正　行

第五章　品质立企：精品不是喊出来的，是干出来的

5.1　"三个一"工程：一致性、一次性、唯一性 / 123

5.2　两级培训：管理班子培训 + 施工标准培训 / 130

5.3　督查官制度：相互督促，相互学习，相互成长 / 132

5.4　进度上墙：以始为终倒推工期 / 136

5.5 高标准验收：标准高于行业 30% / 140

5.6 赏罚分明：罚要罚得心惊胆战，赏要赏得心花怒放 / 145

第六章 人才强企：产品值钱，团队更值钱

6.1 选人："正"是底层逻辑 / 153

6.2 育人：把每位员工培养成"君子" / 156

6.3 用人：能者上，平者让，庸者下 / 166

6.4 留人：精神 + 物质双重激励 / 171

6.5 干部要有"里子"和"面子"，才能成就"位子" / 175

6.6 持续的力量将"平凡"变为"非凡" / 179

第七章 文化兴企：让企业文化融入员工行为

7.1 学习文化：把农民工培养成受人尊敬的建筑产业工人 / 187

7.2 自省文化：闲谈莫论人非，静坐常思己过 / 196

7.3 沟通文化：把话说透，把爱给够 / 201

7.4 党建文化：共筑党建堡垒，引领文明新风尚 / 205

后　记　踔厉逐梦新征程　奋楫扬帆再出发 / 211

上 篇

正 心

第一章

成人达己：做一家受人尊敬的企业

对于任何一个企业来说，要想达成企业的经济价值和社会价值，都需要思考和回答企业的使命、愿景、价值观和战略定位等企业文化基本命题，我们将这些基本命题称之为企业文化元素。对这些企业命题的把握、运用与提升，便是一个企业的基本文化管理模式。

威利士经过 20 多年发展，总结出独特的使命、愿景、价值观和战略定位。这些威利士的基本文化管理模式，帮助威利士确定了业务体系及其内容，让企业全体员工，特别是企业中高层领导能保持目标上的一致性，并最终引导威利士各级管理者和全体员工，形成组织强、效率高、品质优的管理体系，满足客户潜在的需求，赋能于品质和服务，促使威利士成为社会不可缺少的中坚企业。

威利士的使命是"建设匠心工程、筑造百年品牌"，愿景是"做一家受人尊敬的企业"，价值观是"诚信、创新、高效、感恩"；战略定位是"世界级高科技、高品质的公司"。在使命、愿景、价值观和战略定位的加持下，威利士始终保持着正确的航线，不断乘风破浪、披荆斩棘。

1.1 使命：建设匠心工程、筑造百年品牌

我曾读过奥地利作家斯蒂芬·茨威格作品《人类群星闪耀时》，其中有一句话让我受益匪浅："一个人生命中最大的幸运，莫过于在他的人生中途，即他年富力强的时候发现了自己生活的使命。"企业同样如此，对一家希望获得长远发展的企业而言，清晰且准确地知晓企业使命，是一家企业最大的幸运，我时常将这句话讲给员工听。

任何企业想要长久不衰，实现可持续发展，就必须在追求实际利益的同时拥有崇高的使命。利润如同生命所需的阳光、空气、食物和水，没有这些生命就无法生存，但这些不是生命本身，也不是生命的目的。作为一家企业，金钱并不是企业成功背后的源动力，使命才是。

企业的使命一旦确定，就不再仅仅显示字面上的含义，而是成为承载着企业发展方向的宗旨式的准则，是不可违背的，它将超越产品和市场的生命周期、超越企业领导者的个人局限甚至超越时代的束缚，在企业中不断流传下去，持续起到引导作用。这便是企业使命存在的意义。

企业在确立自身使命时，应当思考三个问题：什么是企业想做的？什么是企业能做的？什么是企业该做的？当"想做""能做"和"该做"

融为一体时，企业的使命便应运而生。

威利士的企业使命是"建设匠心工程、筑造百年品牌"，这一使命正是我不断反思这三个问题后得出的。

一、想做：改变整个行业的发心

我出生于农村，初中毕业后在工地做搬运工。对于当时刚刚初中毕业的我而言，建筑工程是一项复杂而巧妙的学问，每个工种各行其道，又环环相扣，共同构建出精巧绝伦的建筑。而我却做着整个流程中最没有技术含量的工作，这令我感触颇深，如何将搬运这个简单的工作做好，并学到更多其他环节的知识，是我当时最迫切的希望。

那段时间，我把除工作、吃饭和睡觉外的时间都用来学习，专心研读专业类书籍，并开始学习设计、木工等相关专业技术。不仅仅是专业技能上的学习，我将视野放宽至工程装饰行业的全过程，积极参与行业协会组织的各类学习、评优和年度总结等活动，持续了解工程装饰行业信息。

正是这段时间对知识的疯狂汲取，帮助我成立了苏州威利士建筑装饰工程有限公司，那一年正是我三十而立之年。同时，这段经历也为我2018年出版《威利士典籍——施工工艺篇》一书打下了良好的专业基础。

创办公司仅仅是一个开始，"想做"绝非简单的敷衍了事，任何事业成功的前提，都是拼尽全力。对于任何一个行业、任何一家企业而言，什么是最高要求？匠心。

匠心精神体现到工程装饰行业上，便是建设匠心工程。但"建设匠心工程"只是对威利士员工工作的指导，通过建设匠心工程，最终要达到的目标是筑造百年品牌。

通过"建设匠心工程"，最终"筑造百年品牌"，这便是我"想做"的事。

二、能做：坚守匠心精神

"想做"是前提，企业在确立使命时，还得综合考量企业是否"能做"。"能做"是衡量威利士到底能否以匠心精神作为日常工作的指导思想，并最终把"威利士"打造成为享誉业内、百年长青的强大品牌。

对于这一点，我也不断反思，回顾威利士20多年来的经历，我能问心无愧地大呼："能做！"事实上，威利士在发展过程中，从始至终都贯彻了匠心精神，主要体现在以下三个方面。

1. 专注精一

专注精一是人们对于工匠精神的普遍的基础理解。一提到匠心精神这个词，大部分人脑海中便会浮现出一个在某种技艺上达到炉火纯青程度的匠人，正在工作台前反复"雕琢"作品的形象。

这体现出匠心精神最本质的特点，即专注于某一领域，不断深耕，能够抵御外部的诱惑。

威利士自创办以来，20多年一直坚持深耕工程装饰行业。许多朋友也曾邀请我进入一些其他行业，或是投资一些看起来颇有前景的产业，但我统统拒绝了。因为工程装饰行业本身就像是一片连绵的冰山，现在我们所窥到的，不过是露出海面的"冰山一角"，顺着冰山往下深潜，还有更多奥秘等待着我们去挖掘。

很多情况下，那些**反复更换赛道的人，会面临反复失败的情况**。就好比一件非常玄乎的事情，当我们排队时，看到其中一个队伍前进得非常快，便转而进入这个队伍，结果没过一会儿，原来那个队伍的前进速度便超过了现在的队伍。

要想确保自身所在的队伍前进速度更快，要做的是提醒窗口工作人员提高效率，及时解决队伍中可能存在的问题，而不是简单的"换队伍"。

经营企业的复杂性远超过选择排在哪支队伍的队尾。在与其他企业齐头并进时，企业唯一能突出重围的方式，是提升自身实力，而不是频繁更换赛道。那些看起来更容易前进的道路，往往潜藏着不易察觉的障碍物。

2. 精益求精

2021年全国"两会"期间，"高质量发展"一词多次出现，几乎成为每个行业的指导标杆。要想实现高质量发展，将产品和服务打磨至无可挑剔，是最基础的一步。

在完成每个项目时，威利士都花费了大量的时间、精力和财力，反复改进各个细节，将每个项目需要涉及的每一项工作，甚至是贴一块瓷砖、抹一把水泥这样的小事，也做到精益求精，体现出高品质的标准和要求。

威利士强调工匠精神，并非强调所有产品都要纯手工打造，也不是放弃利润目标，而是力图将每一件事做到极致。具有匠心精神的人通常会有一点现代人常说的"强迫症"，他们做任何事情力求完美，对做到极致有着迫切的追求。在这个过程中，他们会不自觉地希望做到更好。

简而言之，威利士始终坚持在工程装饰行业专注精一、精益求精，力求不断打磨出更高品质的产品和服务，超越客户期待。

3. 长期坚持

半途而废是常态，长期主义才是稀缺。真正的匠心精神，与时间有着莫大的关系。许多企业以匠心精神要求员工，但坚持三天容易，坚持三年尚可，坚持三十年的企业可能微乎其微。

在经济学知识中，有一个边际成本递增效应，是指企业要想实现边际成本最小化，就必须扩大规模，以规模的增加来弥补成本的损耗。这看起来似乎与威利士所倡导的精益求精的匠心精神相违背，因为在对单个产品精雕细琢时，大量的时间被耗费，生产成本直线增加。

但实际上，威利士是以更加长远的眼光来看待企业的发展。因为匠心精神的实质，是放弃传统生产对数量和规模的绝对追求，着重追求质量，以高品质的单个产品吸引消费者，弱化规模效应带来的影响，将数量优势转化为质量优势。

因此，以匠心精神指导员工，专注把事业做到极致，并非一朝一夕能够实现的，这是一个漫长而严苛的过程。正如威利士内部始终记在心上、挂在嘴边的一句话：一群人，一条心；一辈子，一件事。

三、该做：给社会创造价值

当企业以利润为唯一追求的目标，一心渴望发展壮大时，却很容易在瞬间灰飞烟灭；若企业能够将自身打造成一个"谁都可以在上面发展"的广阔平台，能够为更多人创造价值，那么企业的生命周期将会被无限延长。

许多企业经营者对此嗤之以鼻，认为创办企业的目的，不过是为了创造利润，无需打上"仁义道德"的标签。

诚然，企业要想活下去，必须要创造利润。但仅仅以赚钱为唯一目标的企业，定然无法长久存活下去。

从反面结果来看，当企业经营者只盯住赚钱这一目标时，不免变得激进、短视，难以抵御利润的诱惑，很快就会因企业发展速度跟不上其野心和欲望而陷入泥泞之地。

从正面结果来看，恰如稻盛和夫在《活法》中写道的："求利之心是人开展事业和各种活动的原动力。因此，大家都想赚钱，这种'欲望'无可厚非。但这种欲望不可停留在单纯利己的范围之内，也要考虑别人，要把单纯的私欲提升到追求公益的'大欲'的层次上。这种利他的精神最终仍会惠及自己，扩大自己的利益。"

四、筑造百年品牌

党的十九大报告中指出，我国经济已由高速增长阶段转向高质量发展阶段，明确提出要"培育具有全球竞争力的世界一流企业"。在中国经济高质量发展的大背景下，中国品牌承载着企业战略发展的更高使命，朝着"从中国制造向中国创造转变、中国速度向中国质量转变、中国产品向中国品牌转变"的目标，威利士与众多优秀民族品牌一起，昂首阔步地走在这条时代大道上。

百年品牌务必具备很强的人才和客户凝聚力、抗压力、市场环境下的竞争力，以及持续发展、前进的强大生命力。时代总会提出新的命题，客户总会出现新的需求，一个公司要铸就长青基业、构建百年品牌，就务必凝聚共识、抵御重压、竞争创新，力争与时代同行、与客户同在。

"筑造百年品牌"既是威利士自身发展使命所在，也是时代赋予威利士的重任。我们不妨从内因和外因两个维度分析一下，外因看环境，内因看创始人和企业本身。

1. 外因：中国需要百年品牌

2020年8月10日，《财富》官方App发布了最新的《财富》世界500强排行榜。2020年，中国大陆（含香港）上榜公司数量达到124家，历史上第一次超过美国的121家。回看2019中国企业500强榜单，营业收入规模在1000亿元以上的企业数量为194家，有6家企业的营业收入突破1万亿元。

如此振奋人心的数字，让我们为如今的中国骄傲不已。改革开放40多年，我们发生了巨大的变化，中国已经成为全世界最大的汽车市场、最大的家电市场、最大的能源消耗国……这使得我国的大企业已经崛起，比如华为、阿里巴巴、腾讯、京东等。在这里，我们需要明确一点：不管是《财富》的世界500强排行榜，还是大众熟知的大企业，都是按照销售收入和规模来划分的。

然而规模与利润不能划上等号，一个企业所创造的价值，远不能用规模去衡量。现实中，我国一些企业家在"丛林法则"（丛林法则是自然界里生物学方面的适者生存、弱肉强食的规律法则）的作用下，将企业发展的目标锁定在对规模的追求中。可如今的中国早已不再配适这一套"丛林法则"，企业更大的生存发展机会并不再与规模大小"绑定"相关，规模越大的企业，只会对劳动力与资本等生产要素有越高的需求。

于是，日益攀升的成本会一步步削弱企业的利润水平，而依托信贷进行企业扩张的增长模式，又会被越垒越高的企业债务压得难以为继。最终，有些企业的未来只会在一片浓重的阴影中失去方向。

的确，对"丛林法则"的弃用于有些企业而言无疑是一个很大的挑战，它意味着我国企业的微观基础应该做出本质的改变。中国企业需要理解并履行另一套截然不同的价值判断，再不能单纯依赖高歌猛进式的用更多投入拉动更多增长，而应该思考如何让自身的投入与各项生产要素发挥更大的作用——这才是中国企业如今应思虑的重点。

如此一来，我们需要的是什么？是能够长久存活下去的能够令世界惊叹的百年品牌，是能够造福和谐社会的高价值企业。

2. 威利士人共同选择的目标

抛开国家和社会层面的宏观因素不谈，威利士在20多年发展中，实际上主动选择了"建设匠心工程、筑造百年品牌"这一使命。

首先，任何一家企业，要想长久延续，必须具备品牌意识，这是威利士以"筑造百年品牌"为使命的缘由。当今的商业世界已经进入品牌的时代，品牌已成为一个企业乃至一个国家竞争力的综合体现，是参与经济全球化的重要资源。

品牌是具有经济价值的无形资产，用抽象化的、特有的、能识别的心智概念来表现其差异性，从而在人们的意识当中占据一定位置的综合反映。要想让这种抽象的概念成为人们心中具体的印象，就要从产品的核心品质出发，让客户一看便知道哪些工程出自威利士之手。

威利士制定的严格的督查制度，是对品牌意识最好的践行。在整个工作流程中，从上到下，威利士的监督工作存在于每个环节，一旦发现工程有任何不达标的地方，直接抡起锤子，将其砸掉，以此警示每一个员工，高标准完成工程任务。

任何工程做完以后，都代表着威利士的品牌形象，塑造并维护好品牌形象，是每个威利士人的重要职责。

值得注意的是，"筑造"一词中的"筑"，并非"铸造"的误用，而是威利士有意为之。威利士从事建筑装饰工程，"筑"是其所属行业以及主要业务的体现。这是一种品牌给用户的心理暗示，让人一看就知道威利士与"建筑"相关。

其次，"筑造百年品牌"是威利士各个层次员工的共同目标。

对于基层员工而言，出色完成本职工作，已经是对威利士最大的贡献，这也是威利士使命长城构筑起来的基石。基层员工尽可能地打造高品质产品、提供优质服务、满足客户的需求，就是威利士品牌传播的关键，也是威利士品牌构建的核心。

在这个过程中，威利士始终强调——勿浮躁。在当今社会，最能摧毁一家企业的，往往不是挫折和"棒杀"，而是"捧杀"。骄傲和浮躁，是企业获得一定成绩后，最容易滋长出来的情绪，若是企业不能正视这些情绪，持续沉浸在小小的成绩中洋洋自得，很快便会不思进取，被其他企业甩在身后。

因此，那些每天看起来重复的工作，实际上并非静止不变，在每天的工作中，不断发现、总结和提升是十分有必要的。以这种动态发展的思维来促进企业的发展，进而促进行业和社会的进步，是威利士的最终目标。

值得注意的是，"建设匠心工程"和"筑造百年品牌"，并不是割裂的两个使命，而是互相承载、互相成就的同一使命，建设匠心工程是筑造百年品牌的根基，筑造百年品牌是建设匠心工程的目标。

身处工程装饰行业30年，我几乎见证了整个行业的发展。在时代的变迁中，一个又一个企业如雨后春笋般冒出头来，却又以更快的速度"夭折"了。那些能够迅速累积的财富和利益，也能轻而易举地随风逝去。而留存到最后的，往往是那些能够坚守本心，努力在创造利润的同时，为客户、为行业做点什么的企业。

由此可见，"建设匠心工程、筑造百年品牌"，本就是威利士作为一家"领头羊"性质的工程装饰企业应该做也必须做的。

从微观上来说，这一使命能够令威利士的企业价值体现得更为彻底；从宏观上而言，这不仅仅是威利士企业小我价值的实现，更是在为行业、国家和社会创造价值。只有能够体现社会价值的使命，才能真正被顾客、员工和社会所接纳，才能激励企业上下为这个使命持续奋斗，也才能得到社会的认可，企业得以长久存续，百年长青。

1.2　愿景：做一家受人尊敬的企业

在确立威利士企业愿景这一点上，我深受现代管理学之父彼得·德鲁克的影响。德鲁克曾以"三个石匠"的故事，来说明对待工作的三个境界。

山脚下准备建一座教堂，有三个石匠在干活。一天，有人走过去问他们在干什么？

第一个石匠说：我终于找到了一个好饭碗。

第二个石匠说：我做的是一流的石匠活。

第三个石匠说：我在建一座神圣大教堂。

10年之后，第一个石匠的手艺毫无长进，被老板炒了鱿鱼；第二个石匠勉强保住了自己的饭碗，但只是普普通通的打工仔；第三个石匠却成了著名的建筑师。

同样的道理放在做企业上依旧适用。初级的企业经营者力求存活下去，中级的企业经营者希望在行业领域内成就一番事业，而高级的企业经营者却希望能为整个行业打造一座"大教堂"。

由此可见，当我们怀揣着宏大的、更具意义和价值的愿景来做企业时，才能最终有所得。

正如《基业长青》作者柯林斯提到的，"一个企业从优秀到卓越，最重要的标志是能提出超乎利润之上的终极追求",这种终极追求,就是愿景的力量。

威利士不断修改自身的企业愿景,最终得出"做一家受人尊敬的企业"这一结果。

那么,为什么威利士要立志于这一愿景呢?我们现在需要探讨的,正是威利士的内在成长逻辑。

衡量一个人是否成功,可从其是否具有可敬之处来评判,如爱岗敬业、舍己为人、公正廉明、严于律己等。当这些特质被无限放大时,这个人便会因此受到尊敬。

衡量一家企业是否成功,也可从其是否受到众人尊敬出发。当一家企业受到众人尊敬时,毋庸置疑,其一定在某些方面拥有远超其他企业的能力,如能将社会效益放在经济效益之上,以甘于奉献的面貌示人。

受人尊敬是一件很难的事情,尤其是在建筑装饰行业。通常情况下,人们都会认为建筑装饰行业的员工就是低文化和低素质的"农民工",只要有力气,就能干建筑装饰,因而心中多少带有一些成见,或是认为建筑装饰行业是服务自身的,不需要去尊敬,应当理所当然地享受企业提供的服务。

但即便受人尊敬很难达成,威利士也从未放弃过这一目标。

首先,威利士在大的方向上始终坚守正确的方针,这一点从威利士的使命、愿景和价值观中都有所体现,也能在威利士尽心尽力完成项目的过程中表现出来,更突出体现在威利士频繁获得各种行业奖项上。

其次,威利士的每个员工,几乎都有强烈的集体责任感,明确知道自己在外的一言一行都代表着威利士的形象。为此,几乎每个员工都在以身作则,帮助威利士树立形象。

例如，威利士市场部的耿林林，曾以一己之力在诸多客户心中使威利士得到了尊敬。耿林林做事守时，参加任何会议、活动，都习惯早到。一次，他按照以往的习惯早早到达了一个客户的会场，该客户的会场还未来得及收拾，场地十分凌乱，也没有人打扫。

耿林林见状，当即找来打扫工具，将整个场地打扫了一遍，场地顿时变得干净整洁了。客户到达会场时，看到如此焕然一新的场地，十分诧异。要知道，以往他们组织的会议或活动也是在这里举办，但场地从未如此干净过。后来客户通过多方打听，了解到是威利士的耿林林打扫的会场，内心十分感动，对威利士也有了敬佩之心。

想要受人尊敬，企业只坚守一时是不行的。于是，威利士长期以此为重要战略，为自身发展竖起了一片风帆，保证威利士能够在茫茫大海上前行时不偏航、不迷失。

1.3 价值观：诚信、创新、高效、感恩

思想对于人的行为有着深刻影响。

以威利士人才培养思路的改变为例，早先我在培养人才时，更多强调的是要求员工必须按照企业制度规定做事，一旦员工没有按照相应的规章制度行事，就对其进行批评或惩罚。但批评或惩罚往往只能在一段时间内奏效，甚至对于有些员工而言根本不值一提，所以还是有相当一部分员工违反制度。

后来，经过不断反思，我发现员工的行为主要受其思维的影响，于是我将人才培养思路从要求员工遵守制度，转变为提升员工的责任意识，强调员工对品质负责，对服务负责。如经常开展感恩教育、心理素质教育等对员工思想层面有所提升的学习活动。在此之后，员工的违纪行为果然大幅下降。

许多企业经营者、管理者的观念难以改变，尤其是年纪稍长的。在他们以往的人生经历中，经验、直觉主导着他们对事物的判断。所以，当一些先进的制度、方法在企业中推行时，这些管理者很有可能持反对意见，或者只是在表面上按照制度行事，内心深处并不赞同。

例如，许多员工甚至高层管理人员都不愿意参加培训，他们认为这是"形式主义"，是"表面功夫"，花时间搞培训不如多砌一块砖、

多添一块瓦。于是，他们想出各种理由逃避培训。

总经理鲍金霞深知培训的目的是帮助员工获取更多知识，让员工在工作技能和思想层次等各方面得到提升，止步不前的员工在工作上也会逐渐被落在后面。因此，鲍金霞带着全体高层管理者，总共几十号人，浩浩荡荡地"冲"进这些不愿意参加培训的员工家中，开始极力讲述培训对于个人成长和企业发展的好处，从思想上改变这些员工"培训无用"的想法。

这些员工在经过劝导，并切身体验了培训课程后，终于放下了对于学习、培训的成见，开始从心底里接纳这些事情。

个人的价值观是每个人判断是非善恶的重要标准，它是一个人的核心信念体系。价值观不仅仅在进行人生重大事项抉择时彰显，在处理日常生活、工作的点滴事情时，同样也有所体现。在这个意义上，我们的任何行为，都是自身价值观的流露。可以说，价值观对人的行为和生活选择有着不可估量的影响，几乎决定了每个人的生活状况。

企业价值观是指企业及其员工的价值取向，是企业在追求经营成功过程中所推崇的基本信念和奉行的目标。价值观对企业发展起着重要的导向和激励作用，要想达成企业愿景和使命，必须用适合的价值观来引导。

古人云："一时强弱在于力，千古胜负在于理。"这里的"理"，在企业中即指价值观。纵观国内外，所有的知名企业，没有不重视企业价值观建设的。当企业的核心价值观能够深入员工内心，成为全体员工的共识时，价值观就成了架在企业与员工之间最坚实的桥梁，这座桥梁比利益交易来得更加稳固和结实。

威利士的价值观只有四个词——诚信、创新、高效、感恩，但这四个词所承载的意义十分重大。细想一下，这四个词汇实际上蕴含了对每个人最核心和最本质的要求，将这四个词汇打造成企业价值观，便是对企业内所有员工提出的要求。这四个词缺一不可，共同构建了威利士员工行为准则，让员工的行为都受到这四个词的影响，在潜移默化中助力威利士品牌建设。

一、诚信

孔子说："人无信不立，业无信不兴。"社会以人为主体，人与人之间、人与企业之间、企业与企业之间，能够互相交流、合作的基础就是诚信。

1. 企业对社会诚信

在当今这个时代，信用的价值被无限凸显出来。每个人都有自身独一无二的征信报告，记录了个人基本信息、银行贷款记录等情况，其重要程度不言而喻，也被视为个人的"第二张身份证"。当一个人的信用受损时，就会出现被限制出行、限制高消费等情况；而一个人如果信用度极高，甚至在贷款时，贷款额度都会因此提高。

企业同样如此，一家在顾客心中具有超高信用度的企业，更容易在企业竞争中脱颖而出。因为顾客选择企业的产品或服务，不仅仅看重产品或服务的实用功能，还选择了相信企业作出的承诺。

许多企业将诚信挂在嘴边，但连最基础的诚信道德都做不到。例如曾经闻名全国的"三鹿"奶粉，顾客因为相信其品质购买了它的产品，结果"三鹿"却违背了与顾客之间缔结的隐形的诚信条约，生产出带有三聚氰胺的"毒奶粉"。

当然，这种违法犯纪、罔顾生命的企业只占少数，大多数企业往往不会犯如此大的错误。它们可能只是在进行营销推广时，将产品的功能进行夸大，或是对做不到的服务做出承诺，进而诱导顾客选择其产品或服务。

这种方式虽然能够帮助企业获得一时的利益，但当顾客使用过该企业的产品或服务后，会很快感觉到被蒙骗了。久而久之，这家企业就会面临信用危机，丧失顾客的支持，最终走向消亡。

企业对社会诚信的根本是用产品或服务说话，打造出高质量的产品或服务，且坦诚地对待顾客，不弄虚作假。在如今信息快速传播的时代，任何一点违背诚信的事情发生，对于企业而言都有可能是一次致命的打击。企业千万不能抱有侥幸心理，因为一次失信，便意味着终生失信。

威利士始终视质量为生命，以诚信为根本。从2013年起，威利士每年都会获得苏州市建筑行业年度综合信用考评3A级的荣誉。这是一项极高的殊荣，是对威利士综合信用的认可。这项考评的要求很高，要对企业自身的获奖情况、市场行为、所承接工程的施工质量、安全生产及文明施工、科技进步及建筑节能等方方面面进行严格考核，一般企业很难获得该奖项。

这得益于威利士严格的督查制度，从上到下，几乎每一个细节，都会经过反复核查，确认没有任何问题后，才能交付给客户。虽然如此一来，威利士的施工成本大幅上涨，利润空间被压缩，但威利士始终认为品质达标是威利士对顾客做出的承诺、对社会做出的承诺，威利士必须坚守诺言。

2. 企业对员工诚信

企业不仅要对社会诚信，也要对员工诚信，**只有企业对员工诚信，员工才会对企业忠诚。**

许多企业常常会出现招人难、留人更难的问题。这一问题的根本原因，往往就是企业对员工失信。例如，有些企业在招聘时，承诺员工月薪八千，但员工入职后，却告诉员工由于企业效益差等种种原因，只能给员工六千的薪资。还有另外一类情况，就是企业热衷于给员工"画大饼"，却永远没有让员工得到这块"饼"。例如有些企业承诺员工明年涨薪5%，但到了约定时间后，却没有实现这个承诺。

以上企业的种种失信行为，都会让员工感到失望，失去对企业的信任，同时会开始思考这家企业是否是自己的长久立足之地。一旦员工产生这种想法，那么他们在工作上将不再尽心尽力，企业的凝聚力大大降低，很快便会出现大量员工离职的现象。

威利士始终坚信，企业与员工之间的诚信是相互的。企业许诺给员工什么，便一定要将这个诺言兑现。比如威利士坚持每月10号发放员工工资，绝不拖欠。

同时，威利士设置了许多奖项，如螺丝钉奖、优秀员工奖、优秀班组奖、卓越忠诚使命奖、优秀工程奖等，在评选这些奖项的获得者时，威利士坚持客观公正的原则，让真正有实力的员工获奖，并给予他们相应的奖金。

当企业能够遵守承诺时，员工会感到被尊重、被认同。这种尊重感和认同感，能无限激励他们认真工作，以回馈企业。

3. 员工对企业诚信

威利士的普通员工尤其是基层员工，以未受过高等教育的农民工为主，尽管威利士对这些员工的学历没有过高要求，但对于他们的人品却格外看重。**诚信是大家要过的第一关。**

我曾真实感受过员工的诚信对于企业的重要性。以前我的驾驶员兼秘书，我对他十分信任，但他却利用这份信任，偷盗了公司的银行卡，私自消费了十万余元。

在涉及金钱、利益等问题时，很容易引发对人性的考验。这个员工经不住利益诱惑，甚至连基本的国家法律都不能遵守，如果不是这次他自己触及诚信红线，很有可能以后做出对企业具有更大危害的事情。

"言不信者，行不果。"诚信是一个人最基本的道德标准之一，缺乏诚信这一品质的员工，是无法进入威利士或无法长久留在威利士的。威利士始终将诚信放在重要位置，将其作为企业内所有员工无条件遵守的道德标准和工作指南。

二、创新

在当今时代，企业不积极创新，几乎意味着死亡。腾讯是一家极度重视创新，且每时每刻都在创新的企业。对于腾讯而言，创新就是它们的根基。从初代产品OICQ到QQ，再从QQ到微信，仅仅是社交聊天软件，腾讯就更新换代了很多版本。正是如此，腾讯才在日新月异的互联网行业中生存并壮大起来。

同样的道理在通信行业标杆企业华为身上也有所体现。华为人专注于通信领域几十年，在这几十年内，华为始终不计成本地投入大量科研经费，坚持创新、开拓。当华为受到美国制裁时，此前在科技创新上的投入有了回报，华为能够自食其力，用自主研发的硬件和软件系统撑起企业的未来。

但值得所有企业注意的是，**创新并非偶尔的灵光乍现，而是有目的、有意识地建立具有可复制性和可延续性的创新系统。**

在产品设计、生产、销售等所有环节中，企业都可以创新，而创新的目的，就是提高效率、提高质量。只要有一丝提升的可能，都意味着创新有所成效。

创新可以与上文中提到的匠心精神相结合，不具备创新精神的匠心精神并不是真正的匠心精神，而是机械式的因循守旧。创新并非跳出企业专注的领域，而是抛弃固有的旧观念，不断以新的灵感、创意注入该领域之中，追求更先进、高效的工作方式和更高品质的产品或服务。

威利士自成立以来，一直积极创新，打造了许多个行业"第一次"，主要表现在技术创新和管理创新等方面。

在技术上，威利士始终在研究和验证如何高效完成一项精品工程，超出客户对品质的需求。为此，威利士花了近10年时间研究各种工序及工艺的标准，形成了企业内部一套完整的施工技术资料，并将这套资料汇编成书，详细写明每个环节的具体操作步骤。

在管理上，威利士以这本书为标准，不间断地对建筑工人进行培训，内容包括施工技能和个人素养，经考核后方可上岗作业。同时，还开设了威利士大学，展开众智共享读书活动，通过线上直播辅导和线下跟踪指导相结合的方式，从"读书、读人、读事、读自己"四个维度，与实际工作联系起来，让员工进行有针对性的学习总结分享与改进计划设定。

创新并非一时的，而是一家企业从始至终都应该坚持的事情，威利士通过不断创新，很快成为行业领军者。

三、高效

高效是现代企业发展的必然要求。企业生存的根本是获得利润，当企业无法存活下去时，一切战略、使命、愿景等都将变成空谈。而获取利润就要求企业必须高效运行，如此才能在激烈的市场竞争中占有一席之地。

企业要想高效运行，首先应当具有明确的能够落地的战略规划、营销策略及工作目标。这样一来，即使员工得不到明确的指令，也能自发地按照既定目标开展工作，不会因为一些不必要的原因造成时间浪费。

威利士每月第一周周六的绩效考评会，便是针对这一问题设立的。在绩效考评会上，企业的年度目标、季度目标乃至月度目标都清晰地呈现出来，通过数据对比，员工能很清楚地知道自身目标的达成情况。

同时，各部门主管会对每位下属的绩效进行点评，在评价的过程中，员工能够很清晰地了解到自己的工作优点和当月不足，以及需要改进的事项，针对性极强。企业自上而下，形成了统一的目标，沟通起来更加顺畅，大大提高了员工的工作效率。

除了在目标上保持一致，企业还需告诉员工该如何高效开展工作，这也是促进员工提升工作效率的重要方式。

威利士在这方面主要采取了两种方法：一方面威利士定期进行专业培训，包括员工业务能力提升培训、对外拓展培训、管理培训等，多方面为员工赋能，让员工不会因为技术能力问题而产生效率低下的情况；另一方面威利士采用老带新的师徒制，手把手、一对一地帮助员工解决培训中无法解决的问题，这种方式非常具有针对性，能够随时随地对员工进行辅导，对于迅速提升员工工作能力具有重要意义。

当然，技术上的问题是较好解决的，多尝试、多学习，员工的工作能力自然而然能得到有效提升。但还有一些导致员工效率低下的原因是非技术性的，即员工思想层面的。

对于思想上不积极或总是想着偷懒的员工，企业不应当姑息迁就，而应当建立绩效管理制度，以较为强硬的手段，要求员工达成目标。如果员工本月无法达成目标，那么企业管理者应当与员工进行深入谈话，找出深层原因，帮助员工改进；但如果员工连续三个月都无法达成目标，那么便可以采取相应措施，对员工进行相应处理。

四、感恩

感恩是一个较为抽象的概念，在长期的经营活动中，企业需要对国家、对社会、对客户以及企业内部员工怀有感恩之心。

感恩是一种处世哲学，对于个人而言，懂得感恩本就意义重大。将个人的感恩上升到企业层面，有利于在企业内部开展品德提升教育，促进员工心理健康，且有助于改善员工与员工之间、员工与领导之间、员工与企业之间的关系。

在感恩思想的影响下，企业内所有员工，都更容易反省自身不足，希望将工作完成得更好，以回报国家、社会、客户或企业，不断提升自身能力，能够促进企业的经济效益和社会效益。

推行感恩文化，就像是在企业合作中增添了一股润滑剂，能让团队之间更加和谐，更容易在员工心中形成互利互惠的思想，企业会朝着更好的方向迈进。

例如，每天中午，员工在用餐前都会诵读感恩词，感恩获得的食物；每年感恩节时，威利士都会发布一些带有感恩文化的文章，告诫员工时刻感恩，也启迪自身保持感恩之心；在全国上下奋力抗击新冠疫情时，威利士向苏州市姑苏区红十字会、吴中区红十字会等单位累计捐款捐物150万元，以回馈社会。

威利士对每位员工也十分感恩，员工生日时，会组织其他员工在中午就餐期间集体为他庆祝生日，还会为员工送上生日面、生日蛋糕、花束或书本等生日礼物。

"却顾所来径，苍苍横翠微。"以具有普适性的"诚信""创新""高效"以及"感恩"作为价值观，让威利士始终保持在正确的航向上，这四个词就像茫茫大海上的灯塔，驱散雾霭与黑暗，照亮前行之路。

1.4 战略定位：世界级高科技、高品质的公司

99%的中小企业死于战略。在企业发展过程中，尤其是中小企业，经常会出现忽视战略、重视战术的情况。但正如老子所言，"有道无术，术尚可求也，有术无道，止于术"。这里的"道"，就是企业的战略定位。

战略定位是企业发展的方向标，是具有攻击性的市场准定位。

企业通过确定战略定位，可以明确自身"要做什么"和"不做什么"的问题。当发展方向不明确时，企业就不能将资源高效地聚集在核心业务上，无法打造出核心竞争力，在市场竞争中缺乏优势。

企业战略定位的核心是差异化，是有独特的价值链和价值诉求，能够在面对客户和市场选择时，体现出与竞争对手相比独特的优势。

威利士的战略定位是打造"世界级高科技、高品质的公司"。这是威利士的突出优势，也是威利士希望发展成为的样子。在这些方面威利士做出了很多努力。

一、高科技

21世纪以来，科技创新一直是引领发展的第一动力。人工智能、大数据、云计算、物联网、虚拟现实等新兴科技不断涌现，大大改变

了人们的生产和生活。可以说，谁能在科技创新上有所突破，谁就能成为时代的"弄潮儿"。

在工程装饰领域，科技也是推动企业脱颖而出的关键力量，尤其是大力倡导高质量发展的当下。将高科技运用到项目设计、施工、验收等各个环节当中，对于提高企业项目完成效率，以及改善项目施工条件，具有变革性意义。

例如，威利士打造"智慧工地"，将"互联网+"理念在施工现场管理领域体现出来。这是一种崭新的施工现场一体化管理模式，是"互联网+"与传统施工现场管理的深度融合，充分利用了移动互联、物联网、云计算、大数据等新一代信息技术，彻底改变了传统施工现场管理的交互方式、工作方式和管理模式。

下面以一个更为具体的例子阐释。"智慧工地"从入口的门禁系统开始，就已经十分智能了。进入工地需要经过人脸识别闸机，这个闸机能够在工作人员戴着口罩的情况下进行识别；闸机还配备红外测温模块，对进出人员的体温进行测量；能进行超强逆光处理，在光线较强的情况下也能识别；配有高清的摄像头，能够快速精准识别人脸……

事实上，目前能够采取这些举措的工程装饰型企业很少。因为其虽然作用很大，但成本也不低。但威利士始终认为这是值得的，因为这些举措的施行不仅对威利士加强施工监管有着重要意义，更是改变了传统意义上人们对于建筑工程类企业"脏""乱""差"环境的刻板印象，对于促进整个行业更好发展具有战略性意义。

威利士在践行"高科技"路线上获得了重要成就，今后也会致力于以更加积极、开放的心态来迎接这一份时代的挑战。

二、高品质

过去几十年来，中国经济社会发展成就举世瞩目，但追求短平快增长的时代已经一去不复返了，取而代之的是消费者日益增长的对于高品质产品的需求。当企业经营者过于强调多元化发展时，很容易因为涉足不熟悉的领域，而无法在每个领域都打造出高品质的产品。

所谓高品质，并非仅仅局限于选取和使用优质原材料，更在于让消费者体会到物有所值，甚至物超所值，即企业在产品开发、生产过程中，融入了敬业、专注和创新等职业精神，将产品的各项附加值最大化。

威利士对于大众日益增长的需求有着敏锐认知，自诞生之初就以"高品质"为施工理念严格要求自身。

例如，威利士推行"锤子文化""超越对手的30%"等理念，杜绝让客户看到一切不合格的成果，并在方方面面力求超越对手30%。正是对于高品质的追求，让威利士很快成为建筑装饰行业的佼佼者。

第二章

"锤子精神"：专注把工程事业做到极致

在威利士，质量问题和道德问题一样，不走捷径。

——王衍兵

2.1 专注 = 舍九取一，深耕工程事业

2001年3月19日，威利士正式成立。当时只是承接零星小工程，从人工分包做起；到2021年时，威利士承接了医疗卫生、轨道交通、博物馆展陈以及行政办公等一些重大的公共建筑装饰工程。

时间跨越了20年，但威利士坚守的事业似乎从未改变。

企业应该多元化发展还是专注于一个领域深耕发展，一直是企业家关注的重点。在威利士发展的这20年间，我也曾经有过同样的困惑。

威利士创办之初，我一心想做出一点成绩来。但由于当时知识水平和能力上的欠缺，我并未给威利士的未来发展描绘一幅清晰的蓝图，只能着眼于眼前能够获得的一些项目，并尽力将这些项目完成好。那时我每天满脑子想的，就是如何把眼前的这扇门装好，如何把脚下的那块砖贴好，无暇顾及其他。

幸运的是，当我们专注把手里的活干好、干精时，反而让威利士得到了快速发展。倍受鼓舞的我希望能进一步扩大威利士的规模，但当初只顾低头拉车，没有抬头看路，使我在前行的路上偏离了航道。

我兴致冲冲地开发了好几个其他领域的产业，包括与建筑装饰行业息息相关的酒店业、租赁公司等，甚至开始投入环保产业。那时我兴致高昂，认为威利士很快就能"全面开花，遍地结果"。

但很快我就发现，虽然这些产业都赚钱了，但由于我个人的精力不断分散，威利士的工程装饰事业开始停滞不前，多次在与其他企业竞标时失利。此时，我开始"抬头看路"，开始思考一个问题：难道多元化发展方向是错误的吗？

这么多年，我养成了一个习惯，每当遇到解决不了的问题时，就喜欢到施工现场去看一看。我索性放下一切，来到威利士的一处施工现场。那天，刚好轮到木工进场安装柜子，一位年龄稍长的木工师傅正在专心地安装他自己打造的柜子。我开口询问道："老师傅，现在安装水电、做瓦匠等工作，工资可比木工高多了，有没有考虑转行啊？"

老师傅非常淳朴，笑着说："你说的那些大道理我不懂，我只知道我从16岁开始学木工，21岁正式入行，26岁才算懂行，36岁才算得上经验老到。现在我已经做了40年木工，你要我学别的技术，我剩下的时间只能学到那些技术的皮毛，还是稳稳当当把我的木工做好吧！"

一语惊醒梦中人。五年入行，十年懂行，二十年才能称"王"。不仅木工如此，任何一个行业，无论是个人还是企业，只有在这个领域内**做深、做精、做透，才能形成自己的核心竞争力**。就如这位老师傅所说，一旦威利士需要木工，第一个就会想到他，因为他的木工活做得又快又好。

那么，威利士是否也是如此？客户需要什么服务的时候，可能会第一时间想起威利士？答案显而易见，客户只有在需要工程装饰服务时，才会想起威利士。只有工程装饰事业，才是威利士的核心事业。

在想明白这些道理后，我很快将那些酒店产业、租赁公司和环保产业等移交给外包公司负责，将全部心力重新拉回到工程装饰事业上来。为此，我制定了"舍九取一"的发展战略。

什么是"舍九取一"？

这里的"一"，是能够让威利士具备超强竞争力的支点，即工程装饰事业。这是威利士的发展之本，也是威利士一直以来赖以生存的根基。将威利士的业务都集中到这一点上，才能将其刻进企业的基因当中，发挥核心作用。

如果只看字面意思，那么很多人可能会认为"舍九取一"就是舍弃九个不赚钱的业务，选择一个赚钱的业务。然而在现实情况中，如果九个业务都不赚钱，不需要刻意舍弃，这些业务也会逐渐淡出企业的业务范围。

真正需要"舍九取一"的，是十个业务都赚钱，仍然要砍掉九个，集中资源和精力做留下来的、最适合企业的那一个。简而言之，**"舍九取一"不是优胜劣汰，而是优中选优。**

这是一种经营的智慧，多种业态必然导致企业经营活动的复杂化，大部分企业都做不到"博而精"，只能做到"专而精"。在这件事情上，许多企业是没有思考清楚的。这也正是许多企业在一段时间内发展迅猛，却又突然颓败下去的重要原因。一是因为这些企业没有专注于自身的特色业务；二是这些企业对于目前正在做的事情没有产生深刻理解；三是这些企业心猿意马，这山望着那山高。

后来，我的一位下属曾经极力劝说我开拓更多业务，当然他并非随口乱说，他也做过不少调研，多次询问过各行业各的佼佼者，做他们那一行，核心竞争力是什么。我严肃地拒绝了这位下属，并告诉他："做企业不能总想学人家的，却把自己最擅长的部分丢掉了。"他表示很难接受，并暗示我过于死板，不知变通。

什么事情都能变，但威利士专注的工程装饰事业不能变。我知道他要接受这个道理需要一定的时间，但迟早他会明白这是威利士的立身之本。

很多人认为，只有中小型企业需要专注于一个领域，因为中小企业与大企业相比，资源有限，能力有限，只有专注于某个领域，才能形成积累和沉淀，才有能力与大企业抗衡，在市场上分到一小块蛋糕。但有些大企业，虽然看起来资产雄厚，在各行各业均有涉猎，实际上对业务形态也是有所侧重的。任何企业，都有自己能够与其他同类型企业抗衡的核心竞争力。

将全部精力放到某一个事业上，并不只是要求我们在业务形态上作出转变，而是深入研究这项事业的内在运营逻辑，形成可以复制的、打造高质量结果的一套标准，从而增强自身在市场上的竞争力。这才是企业专注于一项事业的真正含义。

威利士重新将重心转移到工程装饰事业上后，公司上下所有人拧成了一股绳，不断学习新技术，打造出更高质量的项目，使得越来越多的客户知晓和了解威利士，从而成为工程装饰行业的标杆企业。

聚焦于工程装饰事业的过程，就像是打造一柄长枪的过程，这柄长枪的枪头越锋利，越能在与其他企业的竞争中取得胜利。如何使枪头削铁如泥？唯有不断磨尖枪头。

这也正是威利士20多年来，逐渐在工程装饰领域闯出门道的重要原因。现在，我们正逐渐做到客户需要工程装饰服务时，能第一时间想到威利士。

2.2　工程事业 = 打造安全、健康、幸福生活

工程装饰行业，向来不缺乏从业者，竞争十分激烈。在买方市场①中，客户选择任何一家工程装饰企业，都不仅仅只考虑自身需求和企业报价。客户决定选择一家企业，不光要比价，更在意企业做出来的工程是否安全、可靠、经久耐用及节能环保。

问及人们对于建筑装饰的顾虑，许多人的第一反应就是建筑装饰的安全问题。由于大众对于建筑装饰领域知识的欠缺，以及不良企业对于建筑装饰材料把控不严，让大众对于建筑装饰行业产生了比较强烈的不信任感。

许多年来，建筑装饰材料是否含有甲醛、氨、苯及苯化合物等有害物质，已经深深地印入大众脑海中，因为长时间待在含有有害物质的建筑物中，会让人患上了各种各样的疾病。这是整个社会的痛点，也是建筑装饰企业首先应该解决的问题。

作为一家工程装饰服务企业，威利士一直关注着客户的健康问题。更何况威利士经常为博物馆、学校等单位服务，未来将服务更多医疗

---

①　买方市场：指商品供过于求，卖主之间竞争激烈，买主处于主动地位的市场。

卫生、轨道交通、博物馆展陈以及商业体等重大项目工程，面向广泛的社会群体，更需要为社会大众负责。

因此，威利士提供的工程装饰服务，**首先必须达到安全标准，对人的身体健康无害。**

威利士主要承接大型建筑的装饰工程，如学校、博物馆、图书馆等。这些建筑通常会聚集很多人，尤其是学校，学生会长时间待在里面。学生正处于身体成长发育阶段，如果建筑装饰质量不达标，无论是本身材质有问题，还是施工时没有按照标准进行，都会影响学生的身体健康。

在社会利益与企业利益之间，威利士认为应当以社会利益为先，恪守安全、健康的底线。

曾经有一家乳胶漆企业希望与威利士合作，在与其进行商务洽谈时，这家企业的负责人告诉我，他们可以向威利士提供低于市场进货价20%的乳胶漆。乳胶漆在建筑装饰工程中使用频繁，有时一栋建筑中所有墙面都需要用到乳胶漆，如果真的能够以如此低的价格拿到乳胶漆，对于威利士而言就能够节省一大笔成本。

但这个突如其来的"惊喜"并没有冲昏我的头脑，在走访了市场上大部分有质量保证的乳胶漆企业后，我发现没有任何一家能够做到这样的价格。于是我在网络上搜索了该乳胶漆品牌，果不其然网络上对其骂声一片，甚至有业内专业人士对这款乳胶漆做了测评，结果显示这款乳胶漆甲醛含量超标，且特别容易发霉。在阴雨天气较多的江南地区，如果使用这款乳胶漆，几乎意味着交付给客户的将是一间墙面经常发霉的"毒房"。

没有任何犹豫，我拒绝了与这家乳胶漆企业的合作。虽然看起来能够赚取更多利润，但使用这种不合格的原材料，会大大增加客户陷入危险之中的概率。

经过这件事情，威利士在工程装饰材料的选择和使用上，更加严格选用对人体无毒害作用的，具有节能、节材、节水、防火、环保等功能的建筑装饰装修新材料。

这是威利士的良心所在，也是威利士对客户和社会的承诺。经济利益与客户利益、社会利益之间产生冲突是一种常态，如果为了暂时的经济利益而让其他人受到伤害，便是得不偿失。更何况，企业还会因此损害长久积累起来的信誉和口碑，从此不再受到客户和社会信任，很快便会出现接不到单的情况，从而逐渐走向灭亡。

其次，工程装饰行业要尽可能地满足客户需求，让客户身处其中，能够感到快乐和幸福。

这是一个很高的要求，建筑有时承载了人们对于"家庭""公司"或是"居所"的感情，比一般消费品更能满足人们的情感需求。虽然威利士的客户并非一般家庭，但人们置身于建筑之中，总会有不同的需求。

例如，人们在逛博物馆时，对场馆的艺术性要求较高，场馆的整体装饰要与博物馆的藏品融为一体，不能产生割裂感，否则会影响人们的观看体验；学生在上学时，对学校的要求是窗明几净、安全舒适，并具有学习氛围，因此学校的建筑装饰应当尽量往这些要求上靠拢……

2020年，威利士承接了苏州市孙子兵法博物馆的建筑装饰工程，整个工程量非常大，分为兵学朝圣殿、兵圣殿、知兵殿和洗兵殿四个展区，是目前中国唯一一个以孙子兵法为主题的博物馆。博物馆占地面积三万多平方米，主体建筑面积 1.3 万多平方米。

由于孙子兵法博物馆是一个集兵法解读、文化体验、史记探寻、休闲养生等功能为一体的兵法文化主题园区，因此博物馆的装饰工程不仅仅是将建筑物"包装"一下，更要发挥其存放历史文物的功能，还要营造出春秋文化风格，与馆中藏品交相辉映。

在施工前，威利士便组织项目员工学习孙子兵法相关内容，深度挖掘其中蕴含的价值，明确各个藏品背后的故事；在施工时，将这些故事以更加生动且通俗易懂的方式展现出来，希望能够令更多人得到启发，将这些知识运用到生活、工作实践中。

博物馆开馆后，许多参观的游客身处其中，都说自己感受到了两千多年前的中华文明，一砖一瓦，都是历史的印记。

这些能够使游客感到幸福的建筑装饰，就是威利士对人们幸福的一种保障。威利士对每个不同的项目都会制定不同的项目计划，以满足每个项目受众群体的不同需求。帮助人们打造安全、健康、幸福的生活，这是威利士的毕生追求。

2.3 极致 = 品质 + 服务

单一能力做到极致才能产生阈值效应[①]，如果一切都做得平平无奇，虽不至于落于末尾，但却达不到上乘水平，也很难在激烈的市场竞争中脱颖而出，获得客户的青睐。

那么，企业如何做到极致？换言之，什么是极致？

随着全球经济一体化进程的推进，企业与企业之间的竞争逐渐聚焦于两个点：一是品质，二是服务。**品质是企业的立身之本，是核心竞争力；服务是企业的生存之道，是长效动力。**

因而，威利士认为，**极致 = 品质 + 服务**。

在实践中，威利士将"砸掉一切不合格"的品质要求和"服务超出应收价格"的服务意识组合起来，尽心尽力对待每一个项目，超越工程装饰行业中的同质化竞争。

一、品质：砸掉一切不合格

在威利士，如果上级要求下属去砸掉已经完成的一道工序，下属

---

① 阈值效应：超越阈值，打破原有均衡引起的改变。

不会感到惊讶，也不会问为什么要砸，只会问砸哪里。

很多人可能会觉得不可思议，好不容易完成的一道工序，为什么说砸就砸，且员工竟没有一点疑问？这就是威利士对于品质的极致追求，对于那些质量不达标的工程，绝不会留着滥竽充数。

无论什么企业，都应遵循"产品为王"的宗旨，而威利士的产品，便是威利士完成的每一个项目。

我曾自嘲过，我似乎不是一个企业领导，而是一个"产品经理"。为什么这样说？因为以很多人对于企业领导的通俗理解是，他们更多的时间要活跃在外部市场拓展上，要么天天在高尔夫球场交际，要么时常在饭局上应酬。

但自威利士创办以来，我花费在技术钻研、标准打造和施工人员培训管理上的时间，远远多于我出去跑市场、开拓客户的时间。

我特意打造了一系列技术标准化的图书，将施工过程中的每个方法按照步骤确定下来，要求员工按照标准方法施工。

例如，项目中标后，需要结合各层建筑总平面图，在现场分五个阶段草测轴线、主控制线以及各楼层标高控制线，我结合实践经验，打造出"五步放线法"，把放线的每个步骤进行详细说明，让员工一看就懂。

企业快速发展的途径绝不是无限制接单，而是将产品品质做好。只有把产品品质提上去了，客户才会更信任企业，企业也会节省更多精力与时间。我始终牢记一点：当产品品质出现问题时，企业才需要通过广泛社交去维系与客户之间的关系。

当然，我也并非一开始就明白这个道理。

2002年的秋天，我到工地对施工项目进行内部验收，如果不出意外，这个项目将于三天后交付给甲方。但在逐一检查项目完成情况时，我发现有三处不符合验收标准的地方。

在施工过程中，由于现场情况错综复杂，出现问题在所难免，但我明确要求员工，不管出现任何情况，都要保证项目没有质量问题。这个情况的出现令我十分生气，于是我在施工现场就地找到一把铁锤，准备将出现问题的地方锤掉，再重新施工。下属们纷纷劝阻我："王总，这三处不符合标准的地方都很隐蔽，不仔细看很难看出问题，客户也不是很懂，咱们就剩三天时间了，现在砸掉，到时候可能赶不上交付时间呀！"

我听完更加生气地说："今天我要是当作没看到这三个不达标的地方，就是放任你们再产生30处、300处差错！"

说完，我便抡起铁锤，将不达标的地方砸烂，并重新规划施工方案，加急联系材料生产厂家，开始了加班加点的修补工作。由于时间过于紧迫，最终我们还是没能在三天内完成项目。我找到客户，向他说明了情况，并诚恳道歉，表示愿意承担相应的责任。

出乎意料的是，客户并没有过分苛责，反而对于我的这一举动表达了赞扬。他说："其实你不说有问题，我也看不出来，虽然你延误了工期，但其实是在为我负责。"后来，他又给了我一段时间，我们最终圆满完成这个项目。

项目结束后，我意识到这是一个极其严重的问题，虽然员工在我的强硬态度下选择了重新施工，但他们的内心并没有真正接受"做得不好就要砸掉重来"这个观念。

长久以来，我们都有一个荒唐的观念，那就是只要客户没意见，或是客户不懂，我们就得过且过，企图蒙混过关，能逃避责任的地方绝不担责。这种观念助长了我们的懒惰、消极以及不负责的情绪。次品和伪劣品从何而来？就是从这些荒唐的观念中滋长蔓延开来的。

意识到问题的严重性后，我重新找到当时砸掉不合格工程的那把铁锤，将其郑重地传给项目负责人，要求威利士上下所有人，无论情况如何危急，都要将不合格的工程砸掉。

然后召集所有员工开紧急会议，会上特别强调：在威利士，质量问题和道德问题一样，不走捷径。后来在威利士每一个项目完成的过程中，这把锤子既是砸掉一切不合格工程的工具，也是监督品质的标尺，贯穿于每个项目的各个阶段。

每月月底的督查总结会上，上任执行督查长便会将这把锤子移交给下一任执行督查长，交接锤子时严肃庄重，有特定的"授锤仪式"。执行督查长每月更换轮替，带领督查组执行项目监督核查工作。

慢慢地，"锤子"成为悬在每个威利士员工头上的一个警钟，一旦遇到可能出现不合格工程的情况，这个警钟便会敲响，警示员工，不要妄图蒙混过关，出现质量问题的项目，一定会在内部验收时被砸烂。这就从源头上杜绝了不合格工程的产生，很大程度上提高了威利士的施工品质。

当我抡起铁锤，第一次砸向不符合标准的地方时，没有想到这把锤子竟陪着威利士走过了20多年。威利士的品质是如何得到客户信赖的？我想和威利士的锤子精神是分不开的。

二、服务：超出应收价格

我常常告诫员工，威利士在服务一个客户时，其实并不仅仅是在为这一个客户服务。因为根据美国著名销售员乔·吉拉德提出的"250定律",每个客户身后,大体有250名亲朋好友,如果企业能够赢得一位顾客的好感,就意味着赢得了250个人的好感;反之,如果企业得罪了一名客户,就相当于得罪了250名潜在客户。

随着时代跃迁,在互联网高度发达、信息传播速度如此之快的今天,每一个客户身后,都站着成百上千的潜在客户。这大概就是我们常说的"一传十,十传百,百传千千万"。

这种口碑效应真实存在,要求企业必须在客户服务上下功夫。要想让客户对企业提供的产品和服务满意,就要让用户感到"物超所值"。但产品的价格通常是固定的,如何在价格一定的情况下提升客户对于产品性能的体验?威利士提出要以"超出应收价格的服务"来达成。

提供超出应收价格的服务,**首先应该以积极向上的精神面貌面对客户,努力达成客户的需求。**

建筑装饰行业与传统意义上的服务业不同,在完成项目的过程中,不需要时时刻刻面对客户。但很多时候,客户需求与建筑物实际情况之间存在一些难以调和的矛盾,如何在这种状况下达成客户的需求,令客户满意,这是威利士服务的重点。

例如,在完成苏州民俗博物馆这一项目时,客户提出了"不高不大不突出"的设计理念,因为在传统苏州古典私家园林中,几乎没有超过三层的建筑,这并非古代中国的建造技术达不到或经费不足,而是一旦房屋过高,屋内和屋外的视觉意境便会遭到破坏。

遵循这一设计理念本身较为容易,但客户又要求利用自然光线提供室内照明,尽量减少人造灯光对建筑物意境的破坏。由于苏州民俗博物馆的建筑物都"不高不大不突出",所以本身的采光条件较差,如果完全按照现有条件采用自然光线，室内的光线会比较暗。

这两个要求看起来是相悖的，威利士在刚接收到客户需求时，也感到十分困惑。但本着超出应收价格的服务理念，威利士积极主动地寻找解决方法，在翻阅了大量建筑装饰典籍以及实践案例后，最终确定借鉴著名建筑设计师贝聿铭改良中国传统建筑中"老虎天窗"的方法，将博物馆中央大厅的屋顶进行了改造设计。这样一来，屋顶的立体几何形天窗就成了采光通风的绝佳之处，又保留了苏州园林本身的古典气质。

最终项目成果让客户十分满意，威利士实实在在地满足了客户需求。

提供超出应收价格的服务，**还需要主动想客户所想，急客户所急，满足客户的潜在需求。**

建筑装饰工程的施工周期通常较长，少则几个月，多则数年。在这个过程中，服务工作贯穿于整个项目完成的始终。威利士要求员工在任何一个环节都不能松懈，即使客户没有提出需求，也要尽可能为客户高品质服务。

例如，由于建筑工程涉及多个方面，威利士只负责建筑装饰方面，所以威利士在实施项目的过程中，很多时候会在中途接手上一个企业完工后留下来的场地。建筑工地垃圾较多，有些企业完工后并不会进行彻底清洁打扫，但只要威利士进场，便会将施工场所进行细致打扫，让整个场地看起来更加干净、整洁。

这一服务原本是威利士无需提供的，因为上一家企业造成的"满目疮痍"，并不是威利士的责任。威利士可以放任不管，也可以与客户商量后由客户请人打扫。但威利士通常的做法是直接将场地清扫干净，这是威利士在服务上对客户的尽责。威利士也不止一次因为这样的举动受到了客户的表扬，有些客户还送来了锦旗。

将方方面面都考虑周全，是对客户负责任的重要表现，也是威利士达成极致成就的重要过程。20多年来，威利士通过每一次将项目的品质和服务做到极致，完成了一次又一次量变，并最终推动到质变。

第三章

经营哲学：三观正的人一定能做成一家价值观正的企业

企业经营哲学是企业精神文化的根本、核心，是企业在经营发展过程中，企业员工共同信奉的基本信念和理想追求。企业经营哲学的实质是企业精神文化基础，中国传统文化倡导"以人为本"，人是自然界最伟大的产物，人类今天一切的文明成果和物质基础都是人类创造的，企业的发展也是如此。随着企业规模的发展，企业只会越来越重视员工，任何一家伟大企业的背后都是由若干优秀的团队共同创造出来的成果。

第三章 经营哲学：三观正的人一定能做成一家价值观正的企业

威利士的企业经营哲学离不开人。做事先做人，一个人的品行，决定了他的成就高低。敢于承担、用心用爱对待他人的人，那么他做事也一定言而有信、行必有果。威利士做人的原则是"**承认、承担、用心讲话、用爱做人**"，做事的原则是"**认真、快速、坚守承诺、全力以赴、保证成果**"。我相信，三观正的人一定能做成一家价值观正的企业。

3.1 用心讲话，用爱做人

威利士做人的原则是"**承认、承担、用心讲话、用爱做人**"。

做人首先要摆正姿态，在不能胜任的工作前勇于承认自身的不足，通过不断的学习和努力来完成工作；不为自身能力不足找借口，以更大的格局和更高的境界承认和承担；然后用心去说话、说真话，不献媚、不矫作，不势利、不狂大，发自内心深处的话才是最动人的言语；用伟大的爱去做小事，小事也可以达成伟大。

一、承认

威利士做人的原则首先强调的是承认，这里有两层意思：一是承认我们在工作中的差距和不足，以谦虚的心态向龙头企业、先进企业学习和看齐，学习先进企业的优秀做法，用先进的思想和理念武装自我，不断提升和内化自我的实力，是每一个企业成长的必经之途。

我们以前报账的流程冗长而复杂，现在我们向先进企业学习他们的做法，有一些账目我们直接简化，比如私车公用的费用可以直接报账，有些账目我们会根据实际情况甚至不需要提供发票，只要负责人签字就可以。

日本的经营之神稻盛和夫说过，"成功的关键是敢于承认自身不足并努力改进的谦虚态度"，他说做人要有坦诚之心，所谓坦诚之心，就是承认自己有不足，从而发奋努力的谦虚态度。真正能够取得进步的人，是怀着坦诚之心、经常听取别人的意见、经常自我反省、能够正确认识自己的人。

他大学毕业第一次工作的时候，因为自己有浓重的地方口音，所以特别害怕接电话。每次有电话的时候，他都想让别人来接，因为他不想让别人听到自己的口音。后来他意识到逃避不能解决问题，承认自己的缺点并不丢人，于是他对自己说："我是乡巴佬，从乡下大学毕业，社会上的事情什么都不懂，缺乏常识，因此必须从最基本的东西学起，比任何人都要更努力。否则，我就无法成功。"

他承认自己的不足，接受了自己的缺点，用心去改正，让自己的能力得到提高，才有了现在的稻盛和夫。如果他当时逃避问题，也许世界上就少了一个优秀的管理者，少了一个优秀的企业家。客观地认识自己，承认自己的不足可能会很难，但这是人生成功的一步，只有承认自己的不足，能力才有提升的可能，也才有可能取得成功。

二是承认我们在工作中的特色和优势，通过保持和发扬我们的特色和优势而不断进取，不断超越，最终使我们的企业能做到行业领先，筑就恢宏百年基业。我们学习研究目前业内顶尖的施工方法，组织编写《威利士典籍》，并在施工过程中保持精进。我们大大小小的项目，都是在《威利士典籍》的基础上做出来的。我们就是在总结各种方法的过程中，不断完善我们的施工技术，不断让我们的基本功更扎实，保证我们在项目中少出错甚至不出错。

二、承担

　　承担就是要承担责任，作为企业的一员，作为社会的一分子，除了员工要对威利士担当责任，威利士也理所应当地承担社会责任。只有每一个员工担当起自己的责任，工人严格按照施工要求进行施工，督查官严格按照督查制度进行督查，我们才能成为一个牢不可破的整体，威利士才能走得更远。只有威利士主动承担社会责任，为客户和社会提供优质的产品和服务，在公益事业方面主动承担责任，同时专注把装饰事业做到极致，视质量为生命，以诚信为根本，切实承担起"专注把装饰事业做到极致"的核心使命，威利士才能成为装饰行业的引领者，成为一家受人尊敬的企业！

　　某一个企业需要裁员，后勤部的小玉和小燕都出现在了裁员名单中，这就意味着到了月底，两人就需要离职了。看到裁员的消息后，小玉欲哭无泪，她一会儿找领导，一会儿找人事经理，到处向同事和朋友诉说自己受到的不公待遇。在公司里，原本归她负责的电话接待、文件管理、会务安排等事情，她也不去做了，全部推给了其他同事。

　　而小燕难过归难过，但她想着我还在公司，就该认真干好我的工作，守好我的一亩三分地，于是她就正常在办公桌前忙着打印文件、收发通知，有时候还帮小玉处理工作。其他同事因为知道她要离职了，不好意思叫小燕打文件，小燕热情地招呼他们过来，帮同事们打印文件。渐渐地，同事们也照常叫小燕做事，小燕也不厌其烦地处理着自己的工作，承担着自己的职责。

　　一个月后，小玉正常离职，而小燕却从裁员名单中剔除了，她留在了公司。人事经理在宣布这个消息的时候还特意向同事们转达了老板的一句话："如果我们辞退了小燕，我们就是搬起石头砸自己的脚。"

威利士有许许多多普通的员工，在普通的岗位上踏实苦干，默默为威利士付出自己的汗水。在威利士，不论什么岗位，哪怕只是普通的贴砖工人、粉刷工人，都在承担着自己的责任，每一个威利士人都会主动担当、激情工作，为公司事业全心投入、努力奋斗，燃烧内心的"小宇宙"。承担责任，能促进自己的成长，能不断激励自己，克服种种困难，去实现自己的奋斗目标；承担责任，能赢得同事的信任，得到公司的帮助和支持。

总经理助理兼财务核算中心经理蔡文婷，2021年9月才加入威利士，加入威利士后，她一直是部门中来得最早走得最晚的那个人，始终以主人翁的意识来帮助企业解决问题。在工作中她以开拓进取的精神将财务核算中心带领得更加标准化、流程化，将财务上的各项制度梳理得有条不紊。

工程部督导李士林，自入职以来，每件事到他这里都很高效，他使命感强，在沟通上思路很清晰，能按照既定的目标完成任务。在文贤、常熟金融街及检察院项目验收过程中，针对前期施工上的不足，立即在后续施工项目中改善到位。

习近平总书记主持召开企业家座谈会时指出，"企业家要带领企业战胜当前的困难，走向更辉煌的未来，就要弘扬企业家精神，在爱国、创新、诚信、社会责任和国际视野等方面不断提升自己，努力成为新

正心

时代构建新发展格局、建设现代化经济体系、推动高质量发展的生力军"。其中，习总书记特别强调"要承担社会责任，努力稳定就业岗位，关心员工健康，同员工携手渡过难关"。企业是我国经济活动的主要参与者、就业机会的主要提供者、技术进步的主要推动者，在国家和社会发展中发挥着十分重要的作用。

威利士积极承担社会责任，诚实守信，追求极致的服务和质量，树立良好的社会形象，提高自己产品和服务的声誉。同时，我们主动投身社会事业当中，威利士自建的党建展示馆，除了平时用于党员思想教育之外，也是中国致公党苏州市党员学习教育基地，自建成使用以来，已经有许多党内人士前来指导参观。每年的"学雷锋日"，威利士都会组织员工外出奉献爱心，除了捐款捐物，我们还组织了清扫街道、维护交通、看望敬老院的老人等富有爱心的社会活动。

三、用心讲话

在威利士，我们是经常能听到批评的，这些批评声既有责任人对下属的，也有员工对管理者的。如果我的员工在施工时物料没有按要求堆放，没有做好扬尘防护，督查官对我提出批评和处罚，我虚心接受，并在最短的时间内处置到位。这在威利士是最常见的一幕，这种批评，就是用心讲话的一个方面，我要求威利士的员工用心讲话，就是要求他们敢于批评。只要你出发点是对的，是为了企业利益，批评的话语再重，我们都可以接受。

作为项目管理者、督查官，我也要求他们能听得进批评，一个项目从开工到验收，项目部和工班是互相监督促进的。项目部的错误决策由工班指出来了，项目部要及时调整。项目部管理组和工班就是一个缺一不可的整体，重要的就是团结一心、互相沟通。如果在沟通过程中，碍于情面不敢批评，不敢指出错误，那么这个错误会扩大到无法弥补，最后只能"一锤子砸掉"。

用心讲话在我们威利士的方方面面都有体现。我们经常举办员工培训，在培训上，我们说得最多的就是用心讲话，用爱做人。以前的我主张用制度约束员工的言行，现在我更倾向于用爱用情去引导员工，在"润物细无声"的人文环境中，让员工学会用心讲话，用爱做人。近几年，我的员工在生活和工作上遇到一些困难，他们也很乐意找我们管理层寻求帮助，在威利士，他们能找到和家一样的归属感。

威利士总经理鲍金霞就是用心讲话、用情感化周边人的"家长式"领导，每次参加学习之后，她都通过言传身教，身体力行地推荐身边人参加这些学习，通过学习去改变自己、改变家庭。

鲍总不止在威利士内部推动员工学习教导模式、六星级心态、懂感恩懂孝道等内容，她还不断推荐好友和家人参与学习。比如说她朋友的家庭不和睦，工作不努力，她朋友觉得不论怎么做都解决不了任何问题。鲍总就告诉这位朋友，当什么都不能改变的时候，你个人要去改变，出现问题并不一定是别人的错，你要去学着改变和理解。事情没做成功，你只埋怨团队不行，埋怨你的家人不理解你，其实很多时候是你自己没有理解你的员工、理解你的客户或者理解你的家人。于是她朋友听从她的意见，不断改变自己，正视自己的不足，理解别人的不易，慢慢地就把一地鸡毛的生活处理好了。

鲍总经常说，威利士一直贯彻"用心讲话、用爱做人"的企业文化，每一个管理人员对职工都要有爱,职工对每一件事情都要有爱,每个人付出的爱都不求回报,希望威利士家人们活出当下做最棒的自己,在各自岗位上履行自己的职责,把自己的工作做到极致,就会成为受人尊敬的人!我们的人生就是要不断学习、不断进步,不断地改变自己、突破自己,这样才有精彩的人生!

四、用爱做人

在这个浩渺宇宙中,每个人都不是孤立的存在,你身边肯定会围绕许多"行星",他们是你的亲人、爱人或者朋友、同事。他们以自己的轨迹和光芒,环绕在你的身边,出现在你漫长的人生旅途中,在这漫漫人生里,长久维系你们之间关系的就是爱。

对工作倾注"爱"很重要,如果你能喜欢自己的工作,喜欢自己制造的产品,当问题发生时,你就不会茫然不知所措,而一定能找到解决问题的最佳方法。

什么是带着爱工作?
是用你心中的丝线织布缝衣,仿佛你的至爱将穿上这衣服。
是带着热情建房筑屋,仿佛你的至爱将居住其中。
是带着深情播种,带着喜悦收获,仿佛你的至爱将品尝果实。
是将你灵魂的气息注入你的所有制品。
是意识到所有受福的逝者都在身边注视着你。

——纪伯伦《先知》

我从小工摸爬滚打成长起来，建立威利士，这个过程的艰难可想而知。在这过程中，我得到了亲人、爱人、朋友和同事们的无私帮助和关爱，在这几十年中，我深刻地认识到，员工是企业的基石，只有把员工的利益放在首位，我们威利士才能发展壮大，前景广阔。威利士是一家感恩的企业，我们有自己的爱心文化、感恩文化。

在工地上，员工的安全永远是第一位的，虽然大部分是室内工作，但对安全工作绝不掉以轻心。有一次，督查官在工地上看到一位员工没有戴安全帽，督查官当即严厉批评了这位员工，同时做出了相应处罚。当时随行检查的甲方觉得处罚过于严厉，还特意为这位员工求情，觉得室内不戴安全帽，没有关系。但是督查官没有给甲方面子，他解释说："万一出事了，公司的损失暂且不提，员工的父母和爱人怎么办？我们对安全的重视细致到一个卡扣没扣都会提出处罚。"

威利士的员工过生日，我们都会为他们准备一份感恩礼物，礼物虽轻，但代表了威利士对员工家人的感激之情，因为有家人的帮助和关爱，我们的员工才能在威利士心无旁骛地努力工作，为威利士的发展贡献自己的力量。

2021年1月8日下午，威利士人相聚在吴宫泛太平洋酒店举办了以"务实求真成自己，团结奋进创未来"为主题的年终盛典。除了庄严隆重的年度总结、热闹喜庆的年度颁奖、精彩纷呈的节目表演之外，威利士还特意为一月份过生日的员工及家人举办了隆重的生日庆祝会。

当一月份过生日的家人们站在舞台中央，每一位"寿星"都热泪盈眶，他们万万没有想到，威利士会在这么庄重盛大的聚会上帮他们举办生日庆祝会。他们共同切着生日蛋糕，现场共同唱起了生日歌，接受着来自全体威利士人的共同祝福，在他们脸上洋溢着无比的喜悦和幸福。

有些员工是外地的，他们的子女在苏州本地很难上学，每每遇到这样的情况，我和几个老总都会出面，去和当地学校的相关负责人说情讲理。以至于后来他们接到我们的电话或者看到我们到访，就知道又是需要他们帮忙解决员工子女上学的问题。员工和他们的亲人生病，我们也经常主动去联系本地好一点的医院，提供更好的医疗服务。

除了关怀员工，威利士还积极主动参与社会公益事业，自新冠疫情以来，我们数次主动慰问抗疫一线人员，捐款送物给防疫人员；积极做好工地的疫情防控，哪怕承担一些损失，也不给党和政府添乱；同时我们还发动员工，争当防疫抗疫志愿者，站在抗疫防疫最前线。

3.2　全力以赴，保证成果

威利士做事的原则是"认真、快速、坚守承诺、全力以赴、保证成果"。

我们在做事时要认真负责，要抱着把事情做到极致的态度去做事；要有敏锐的洞察力，抓住转瞬即逝的时机，快速有效地出击，而非一味等待；坚守自己的承诺，说到就要做到，不为失败找借口，只为成功找方法；全力以赴，把品质做到极致，把服务做到极致；注重事情的结果，从始至终坚持品质，坚守承诺，保证成果。

一、认真

威利士做事的原则首先就是认真。认真不仅是一种能力，认真本身就是一种素质，凡事讲究认真的人，都是具有很高综合素质的人。一个人要有所作为，就必须具备认真的素质。全身心投入当前自己该做的事情中去，聚精会神，精益求精。这样做就是在耕耘自己的心田，可以造就自己深沉厚重的人格。唯有认真才能付出专注的努力，做出极致的品质，这是成功的基本要素。

稻盛和夫大学毕业后入职京都一家濒临破产的企业——松风工业，公司迟发工资是家常便饭，业主家族内讧不断，劳资争议不绝，周围的人都说待在这样的破企业，连老婆也找不到，不到一年同期入职的大学生都相继辞职，只剩下他一个人孤零零地留在这个衰败的企业。

而他当时因为没找到一个必须辞职的充分理由，决定先埋头苦干，不发牢骚，而是把心思都集中到自己当时的本职工作中去，聚精会神，全力以赴。想通以后，他才开始发自内心去拼搏奋斗，以积极的态度认真面对自己的工作，从此以后，他工作的认真程度，真的可以用"极度"二字来形容。

他把锅碗瓢盆都搬进了实验室，睡在那里，昼夜不分，有时连一日三餐也顾不上吃，全身心地投入到研究工作。他不断学习查阅大量资料，一边翻辞典一边阅读，还到图书馆借阅专业书籍，还常常在下班后的夜间或休息日抓紧时间，如饥似渴地学习、钻研。

正因为如此，不到25岁的他，一次又一次取得了出色的科研成果，成为无机化学领域崭露头角的新星，他在总结中说到，这全部得益于"专心投入工作"这个重要的决定。与此同时，原来进公司后要辞职的念头以及"自己的人生将会怎样"之类的迷惑和烦恼，都奇迹般地消失了，而且产生了"工作太有意思了，太有趣了，简直不知如何形容才好"的感觉。那个时候，辛苦不再被当作辛苦，他会更加努力地工作，周围人们对他的评价也越来越高。

不知不觉中他的人生步入良性循环，成功开发出"U字形绝缘体"，成为制造电视机显像管必不可少的部件，公司也因此接到了松下电器的大订单，这个产品让摇摇欲坠的公司有了起死回生的希望，全公司的期望集中到他一个人身上。

我对每一个威利士人的要求是：一次做好，注重细节，全力投入，精益求精。有所成就的人，毫无例外地都是不懈努力、历尽艰辛的人，他们埋头于自己的事业，才取得了巨大成功。通过艰苦卓绝的努力，在成就伟大功绩的同时，他们也造就了自己完美的人格。认真的人永远比聪明的人更容易取得成功。

威利士的企业导师孟磊，每次给员工讲课时，都认真尽力，常常一节课结束时，他已经喉咙嘶哑。但为了让员工更加清楚地理解企业文化，他几乎每次都是如此。每一堂课，他都认认真真梳理企业文化的相关知识，不断对课程的内容进行修改，我每次去看他的课件，哪怕是他无比熟悉的内容了，都会比以前有所优化和精进。每一个听过孟老师授课的人，都被他飞扬的激情和高昂的热情所感染，很容易就被孟老师的内容所吸引。

孟老师曾对我说，他的课件最开始内容很多很复杂，没有考虑到大部分员工学历低的因素，所以哪怕讲得再出色，员工们听完就算完了。后来他认真听取员工们的意见，认真反思课上的每一个细节，对课件做出反复的修改，才使员工们在愉快轻松的听课过程中感受和学习我们威利士的企业文化。

二、快速

快速，就是要求威利士员工有快速的执行力，以最快的速度完成每一项工作，以最快的速度满足顾客的每一项需求，绝不拖沓！

陀思妥耶夫斯说过，一个人的执行力和行动力，决定一个人的成就。能做好一件事，往往是由很多因素决定的，比如方式方法、天赋能力、外界支持等。但这些并不是最重要的因素，真正起到决定性影响的只有一个，那就是说干就干的执行力。

搜狗输入法之父马占凯，大学毕业后，曾在一家国企上班，从事机械设计，因为日常生活需要，以及工作上面的一些原因，他经常需要上网查阅一些资料。

在上网搜寻资料时，他发现输入法无法精准地拼出所需要的词语。由于懒得翻看输入法的词表，马占凯干脆在搜索框里输入相应的拼音，获得搜索引擎相应的提示后，再复制粘贴。随后，他发现搜索引擎与输入的关键词关系紧密，每当某个关键词的搜索量达到一定的数目，这个关键词会自动被收录到搜索引擎的词库。这让马占凯认为，用搜索引擎来做输入法是一条绝佳的路径。

马占凯并没有把这个念头只暂存在头脑中，而是选择从公司辞职，为做搜索引擎而奔波。去搜狐面试时，马占凯带上一份30页的文档，里面包括一百个小创意和两百个灵感点，以及上万字的搜索笔记。后来，马占凯得到CEO王小川的赏识，被任命为产品经理，还开发出搜狗输入法，这让搜狐的市值上升了50%。

那些有所成就的人，不在于智商、家境的优势，而是拥有超越常人的执行力。

成年人的世界，都追求唯快不破，谁能在执行领先一步，快速把事做成，谁就能率先建立起竞争优势。

威利士成立初期，由于缺乏管理上的经验，缺乏快速解决突发状况的能力，工程进度严重落后，有三个工地的甲方要求停工，这件事差点令刚刚成立的威利士早早夭折。吃一堑长一智，在这之后，我认识到做事要有快速执行力的重要性，我不断学习先进的管理理念和手段，把威利士的施工方法、管理条例、验收标准系统化、制度化，不断强化员工执行力，在威利士20多年的发展历程中，这些制度是我们快速解决难题的得力助手。

威利士发展到现在离不开快速解决问题的能力，我们一旦参与一个项目，从不同的阶段充分了解客户需求，做到满足使用、美观、节能环保、成本控制好等。

工程进场以后，快速的执行力更是体现在方方面面，物料在规定时间内要进场，工人在规定时间内要到位，督查在规定时间内要展开。每个班组要把工程进度分解到天，细致到每天要铺多少米的管道，要刷多少平方米的墙面。每天在项目群里发送当天完工的照片，如果进度比计划滞后，严格按制度处理。威利士始终保持着高歌猛进的发展趋势，与威利士的快速执行力息息相关。

三、坚守承诺

言必行，行必果。坚守承诺，就是要求我们在做人和每一个细微的工作环节中，都要实现我们对顾客的服务及质量承诺，绝不失信！承诺是一种自律。坚守承诺的人，一定是一个严格自律的人，愿意用承诺的内容来要求自己，约束自己，告诫自己，警醒自己。

美国著名教练添·高威总结出一个重要公式，用以说明人的业绩和潜能与干扰之间的关系。这个公式是：P=P-I，第一个 P 是 Performance，指外在表现和成绩；第二个 P 是 Potential，表示潜能；I 是 Interference，表示干扰。一个人的外在表现和成绩，是他的潜能减去干扰，干扰越大，成绩就越小。借助这个公式，我们可以这样认为，很多人之所以难以实现承诺，是因为有太多的诱惑和干扰，使其不能专注于承诺的目标。因此，我们认为兑现承诺需要聚焦，需要心无旁骛。

其实人的潜能是很大的，干扰阻碍了潜能的发挥，降低了人们的表现，使人们难以达到目标，难以到达心中的彼岸。干扰也并不一定全部来自他人与外界，绝大多数或者说更具影响力的干扰其实来自我们自身，是自己内在的信念和心态所致。找到了真正的干扰，就找到了成绩不好的原因，排除干扰，离诚实守信就更近了一步。

孔子说："人而无信，不知其可也。"坚守承诺是诚信的体现，诚信是威利士发展的基石。信口开河，言而无信，是对诚信最大的破坏；敢于宣言，兑现承诺，是务实诚信的根基。坚守承诺应该是一种自愿的行为。对不愿意做的事情，或明知做不到的事情，千万不要口是心非，不要曲意逢迎，更不要自欺欺人去承诺，否则，必将害人害己。

我曾经有一个司机，因为能力不错，我让他兼职做了秘书。在日常的生活和工作上，我和他接触比较多，我对他的处事能力和人格品行都是毫不怀疑的，我的信用卡密码他都知道。最开始的时候，他表现得也很优秀，确实帮我做了很多事，当时我还庆幸自己找到了一个可靠的助手，一个值得信赖的朋友。但好景不长，他出于私利盗刷我的信用卡，而且再三反复，一点儿都没有悔改的意思，最后我只能让他接受了法律的制裁。

我相信他的初衷其实是很好的，想好好工作，想养家糊口，想温饱无忧。但是面对唾手可得的财富，他最终还是没有抵制住诱惑，也给自己带来了牢狱之灾。这件事也让我认识到，一个人不管能力大小，第一要务就是诚信，要讲道德，诚信是立身之本，失去诚信的人必然会被淘汰。

四、全力以赴

美国著名的牧师戴尔·泰勒讲过这样一个故事：

猎人带着猎狗去森林打猎。他击中了一只兔子的后腿，受伤的兔子拼命地逃走了，于是他叫猎狗去追。可是兔子跑得越来越远了，猎狗知道实在追不上了，只好悻悻地回到猎人身边。猎人气急败坏地说："你真没用，连一只受伤的兔子都追不到！"

猎狗听了不服气地辩解道："我已经尽力而为了呀！"

兔子带着枪伤成功地逃生回家后，同伴们都围过来惊讶地问它："那只猎狗很凶呀，你又受了伤，是怎么甩掉它的呢？"

兔子说："它是尽力而为，我是竭尽全力呀！它没追上我，最多挨一顿骂，而我若不竭尽全力地跑，可就没命了呀！"

这个故事告诉我们，尽力而为是徒劳无功的，竭尽全力才有发展。

"尽力而为"是指为了目标尽力就行，思想意识上想着把事情做好就行了。然而这只是意识问题，而不以得到好的成果为导向，很自然地让我们与"留有余地"相提并论;"尽力而为"是一种努力尝试的心态,其目的是完成任务。很多时候,"尽力而为"是一种无意识的被动状态,似乎很忙、很用心、很尽力,其实不然,只是一种自我安慰。有些人潜意识里认为:无论成功与否,只要尽力而为就行。久而久之,"尽力而为"逐渐成了我们掩饰的借口。长此以往,我们的诚实和自信、热情与主动,也在不经意间被这个借口慢慢地蚕食殆尽。

"竭尽全力"是一种破釜沉舟的精神,同样是为了一个目标而努力,却会激发自己全部的潜能,用尽自己的全部力量和智慧,为了得到一个最好的结果而努力,很容易让我们和"挑战极限"联系起来。这不但是意识问题,而且要为达到目的真正付诸行动。如果我们抱着尽力而为的态度,那么,即使问题得不到有效的解决也认为无所谓,所得到的成果往往也只能差强人意。而如果我们树立竭尽全力的心态,则会让工作和生活中的难题迎刃而解,最终会产生好的成果。

在竞争日益激烈的现代社会,各种专业人才越来越多,优秀的企业数不胜数,稍不留神就可能被时代所淘汰。即使在环境如此复杂的大环境中,依然有个人或者企业脱颖而出,为社会创造价值,难能可贵的是百年企业也不在少数。在威利士从事的室内装饰行业,同样需要这种为了事业全力以赴、奋力拼搏的精神,只有坚持不懈的努力,才能提升企业竞争力。

威利士副总经理仲伟波就是这样一个做事全力以赴的人,在他还是部门经理的时候,有一次去山东济宁参与一个项目投标,作为团队中的造价人员,他需要在投资方面进行评估和谈判,这样才能确保中标。但在投标的过程中,他接到家里面的电话,告诉他奶奶过世了。

在投标的关键时刻，仲总通过电话表达了对奶奶的哀思，强忍丧亲之痛，并没有对公司说自己的难处，继续参与投标工作，直到项目中标后，他才要求请假回家奔丧。

还有一次，仲总负责对接一个项目的审计工作，那家审计公司是南京的，我公司多次联系却因对方工作忙未能约好时间。突然有一天审计公司打电话告诉仲总，说是只有明天有空，如果星期日没有做完项目审计，可能会拖后很久，我们整个的工期就拉得很长。这一天仲总身体不舒服，还在医院里输液。为了项目审计的顺利完成，仲总就让他岳父开车，让他妻子在后面举着吊瓶，就这样去了南京。审计公司的人都被仲总这种认真负责的精神感动了，他们在一天内就快速完成了余下项目审计工作，让整个项目画上一个圆满的句号。

五、保证成果

做出成果，保证成果，才是最大的负责。在企业中，员工不管多么辛苦忙碌，如果缺乏效率，没有做出业绩，那么一切辛苦皆是白费，一切付出均没有价值。企业要的是结果，而不是过程。

威利士的目标是要把品质做到极致，前文已经讲到威利士"极致＝品质＋服务"的态度，威利士的施工组织设计、督查，都是为了对极致品质的追求，都是为了保证极致品质的成果。

威利士的施工组织设计是业内最为细致的，在设计之初，就已经对项目进行了全面而详尽的考察和规划，这样就保证了人员、物料的合理调配，也保证了项目的可行性，减少突发性状况的影响。威利士的督查是贯穿项目始终的，是全程督查、全面督查，对项目施工中不合格的产品一律"一锤子砸碎",这样就保证了每个项目的每一道工序都有品质保障,步步为营,用全面超越同行的业务水平保证实现威利士把品质做到极致的成果。

2021年,在建党100周年来临之前,我们威利士筹建了党建展示馆,为了保证在党的生日到来前完成建设,项目部、成本中心、工程管理中心和几位副总坚持一周24小时连续作业,与时间赛跑,全力以赴保证成果,最终如期完工!

同年,威利士参与了宁波涌江实验室EPC项目投标,该项目是厂房改造,原来的水、电、结构与现代化的实验室和办公室差别较大,而且体量大、任务重、时间紧。面对如此艰巨的任务,公司成立专项小组,包括造价、设计、采购和项目管理团队,每一位成员没有退缩,大家团结一致,同心同德,连续奋战十天十夜,最终高标准完成任务。

3.3 做企业，要为社会创造价值

随着经济社会的快速发展，企业作为社会有机体，在经济社会建设和公共事务方面所发挥的价值和作用备受瞩目。人们判断一家企业做得好不好，不会再像过去那样只看经营业绩、财务数据，除了"利"，还要看企业的"德"。也就是说，一家优秀的企业不仅要在商业层面取得成功，实现利润最大化，还要在德行方面有突出表现，能在诚信经营、劳动者权益保护、客户价值创造、节能减排、安全生产、慈善公益等社会责任方面作出表率，有所贡献。

作为全球领先的信息与通信解决方案的供应商，华为近年来无论是在国内市场，还是国际市场都表现出了较强的企业实力，不仅以创新的技术和产品赢得市场竞争，也因其展现出的国际化大格局和产业报国的理想追求，受到了很多人的喜爱与尊重。华为倡导以奋斗者为本、以客户为中心等方面的理念和做法，深受广大企业家认同。它传递的不仅是一个企业的经营理念，还有这个企业对员工、对客户等利益相关方的责任与担当，体现出华为对社会的价值贡献。

企业主动承担社会责任，为社会创造价值，有助于企业在全球化进程中突破贸易壁垒，容易得到当地政府的鼎力支持，有助于获得投资者的青睐，从而持续投入生产资源，扩大生产线，实现规模经济，最终提高企业的经济效益。

日本长寿企业研究专家后藤俊夫在了解日本长寿企业的全貌之后，发现"日本与海外各国比较起来，有很多不常见的、日本企业独有的特征"。在这些特征中，有一点至关重要，即"**企业是社会的公有物**"。意思是说，企业并非个人所有，而是全社会共同的财富，应当对全社会做出贡献。

什么是企业的社会价值？挪威海德鲁公司著名的"四个圈"的故事，比较形象地阐述了企业社会价值的基本内涵。在发展初期，企业唯一关心的是产品的质量、价格和利润。随着发展，企业进一步发现，改善员工的工作环境可以在不增加投资规模的情况下，提升产品的生产效率，进而增加利润。当发展到一定规模，企业将意识到为了可持续发展，企业必须采取措施保护环境并节约社会资源。当发展成跨国公司时，企业发现要在异国获得成功，就必须尊重地方文化、尊重人权，以及生产可持续发展的产品。

威利士对待客户的宗旨是让客户百分百满意。这里包含两个方面：第一就是品质，威利士是一家"品质为王"的企业，追求极致的品质是威利士的唯一目标；第二就是服务，甲方和其他各界人士来威利士考察、观摩，威利士都会有专门的接待方案，接待方案会详细到会议桌上纸笔的摆放和会客桌上茶杯的摆放。每一个项目验收结束，威利士还会指派项目专员去进行客户反馈调查，对客户反馈的问题再进行整改。每一个威利士的客户，一旦选择和威利士合作，就意味着他在工程项目上没有任何后顾之忧。

威利士有一个项目，因为体量大，建设任务紧张，所以是几个公司一起进场，在威利士进场的时候，项目部就自发要求一定要建立一个完备的会议室。这个决定当时引起了部分员工的不满，因为本来建设时间就紧张，还要去建会议室，浪费了时间，而且其他几个项目组都没有建会议室，会议室建成后肯定会私建公用。但是，威利士的经理就是因为看到了整个项目上下没有一个像样的会议室，甲方来了大家站着露天开会，不雅观，不严肃，于是在紧巴巴的工期中挤出时间，建了一个会议室。会议室建好后，方便了大家开会，也得到了甲方的认同，虽然威利士只负责一部分项目，但到后期，每逢重大项目决策，甲方都要求威利士的管理层参与讨论。

先天下之忧而忧，后天下之乐而乐。威利士的发展离不开社会各界人士的支持，在回馈社会方面，威利士也是不遗余力的。在最近几年，威利士积极参与社会公共设施建设，参与了孙子兵法博物馆、苏州民俗博物馆等场馆的建设。

从新冠疫情暴发至2022年，威利士累计捐款捐物超过150万元，共计捐赠N95口罩10万个、方便面200箱、牛奶200箱、面包200箱、柑橘360箱（约5吨），另外现金捐赠100万元驰援抗疫，其中20万元定向用于木渎镇疫情防控。

在疫情防控前线，威利士员工由我亲自带队，管理人员一马当先，踊跃参与，来自不同岗位的20多名员工组成了"志愿先锋队"，投身于志愿服务工作，积极冲在疫情防控第一线。面对疫情，威利士主动报名参加吴中区、市住建局、虎丘高新区的志愿者，但迟迟未接到支援的通知。后来王文龙和孟磊又主动来到狮山横塘街道、临湖街道，投身于志愿服务工作，无论是维持秩序、信息登记，还是挨家挨户通知做核酸检测，他们都将志愿工作做到了极致。

在疫情防控中，威利士涌现了一批批志愿者，他们肩负着疫情防控职责，积极冲在疫情防控第一线，带头发扬无私奉献精神，关键时刻挺身而出，不畏艰险，顽强拼搏，充分发挥了先锋模范作用，彰显了威利士服务大局、迎难而上、艰苦奋斗、完成使命的强大力量。

威力士还积极支持抗疫援建，自2021年4月14日接到紧急援建苏州方舱医院的通知后，我们高度重视，迅速成立紧急任务工作组，全盘谋划支援工作，紧急集结队伍，连夜组织施工团队进场施工。期间共援建方舱329间，为苏城打赢抗疫防护战贡献了我们的力量。

履行社会责任不是一种噱头或风尚，它是一把多赢的利器，应该内化为企业的一种战略、一种能力、一种文化。正所谓"鸦有反哺之义，羊知跪乳之恩"，威利士的发展资源来自国家和社会，我们取得的所有成就都离不开社会大众的支持，威利士的每一位经理人和员工都应该有"深怀国士恩"的情怀，要有追求崇高理想的志向，在努力追求企业价值的同时，与社会大众分享我们的发展成果，实现社会综合价值的同步提升，积极履行企业的社会责任。

3.4 做自己，以利他之心行利他之事

"威"是威而不霸，意味着不论威利士以后体量多大、规模多大，威利士都不会去欺负别人，不因自己的利益而去牺牲国家的利益。

"利"是利而不私，意味着威利士从诞生开始，它就担负着有利于国家社会、有利于同行伙伴、有利于大众员工的责任。威利士的愿景就是做一家受人尊敬的企业。

"士"是士而不惧，意味着威利士不忘初心，不惧怕任何困难，始终坚持把品质做到极致的目标，建设匠心工程，筑造百年品牌。

我于1991年来到苏州，刚开始做学徒，接着做油漆工、木工、瓦工，后来再慢慢带班，然后负责整个项目。在这十年中，我从一个小工慢慢打磨、锻炼，吃了许多苦，走了很多弯路，但好在苦尽甘来，2001年3月，我带领团队正式成立威利士。

我从事装饰工程行业32年了，浸淫行业数十年，这个行业在不断发展变化，我自己也在不断成长。在成长的过程中我不断转变着角色，也清晰地认识到自己在认知范围上存在不足，想要弥补不足，只有努力去学习。比如缺乏管理经验，就去学习管理，这样慢慢沉淀自己，慢慢带领威利士从小到大。后来我加入致公党，当选为政协委员，受

党的教育和熏陶，我的视野更加开阔，意识到威利士要发展，不仅仅要照顾好自己的一亩三分地，还要真正做一些利他的事情。

一、做一家受人尊敬的企业

建筑装饰行业是中国规模最大的产业之一，因为它产业链很长，形成的影响也很大，而产业链中从事建筑行业的劳动者群体也很大。但这个群体以前的社会地位是很低的，别人常常这样形容我们企业的负责人，"包工头来指导农民工"，就是这种轻视的语言，让很多年轻人直接放弃这个职业。一个本科生到一个工厂里拿个三五千块钱，他觉得比较不错，但是如果到了工地上，工资虽然高，可他就变成了指导"农民工"的包工头。

威利士的愿景就是"做一家受人尊敬的企业"，通过我们自己带头做好技能的转换、思维的转换，乃至我们行为的转变，真正做到受人尊敬。员工只要进入威利士，我们就是一家人，我们出去的时候腰杆子是直的，讲话是有声音的、是有力度的。我们部分员工的学历比较低，这是不争的事实，那么我们通过"三级学习"和打造学习型组织，不断灌输行业知识、管理知识给员工，让每一个威利士人"开口能说、提笔能写、遇事能办"，通过学习摘掉"素质不高"的帽子。

我曾经在高层会议上说过，只有不平凡的"里子"，才能撑起光鲜的"面子"，也才会成就自己现在的"位子"。威利士要做一个受人尊敬的企业，就要修炼好自己的"内功"。最近几年，威利士的业绩持续增长，我们在行业里面的影响力和竞争力也与日俱增，别人的认可和赞誉也多了，但我们的路还很长。以前我们是学习别人的先进经验，现在我们要成为标杆，我们要像一座灯塔一样，像一盏明灯一样，让别人来追随。

歌德曾说："你若要喜爱你自己的价值，你就得给世界创造价值。"希望在我们这一代人的努力下，威利士有一天能成为一家真正令人喜爱、受人尊重的企业，那时我们会更有自信与底气为她感到骄傲与自豪！

二、建设匠心工程，筑造百年品牌

"工匠"一词，大家并不陌生，"工匠精神"，是一个充满传统色彩的词汇。中国五千年的灿烂文化中，涌现出许许多多极具"工匠精神"的巨人，比如远古尝百草的神农、木匠始祖鲁班、近代"杂交水稻之父"袁隆平，他们用敢为人先的勇气和敢于尝试的魄力不断推动人类社会的进步。"工匠精神"是社会文明进步的重要尺度，是中国制造前行的精神源泉，是企业竞争发展的品牌资本。"工匠精神"就是追求卓越的创造精神、精益求精的品质精神、用户至上的服务精神。

近年来，由我们建筑装饰人精心雕琢，承载新时代中国自信和大国风范的建筑艺术空间令人印象深刻。其实在中国，建筑装饰这一"创造美的行业"正是在改革开放中大放异彩的。建筑装饰市场从诞生到蹒跚学步，这个"创造美的行业"的发展沉淀了宝贵的知识和经验。不断学习、进步、再学习，装饰行业逐步成为国民经济的重要组成，人们对装饰的认知也从"把墙刷白"上升到了"美的缔造者和传播者"。

威利士聚集了一大批具有丰富经验的设计和施工管理人才，别出心裁的设计创意，严格规范的管理，为本公司赢得了广大客户的信赖。威利士"筑造百年品牌"的使命，就是建立在"建设匠心工程"的基础上，建筑装饰行业是竞争非常激烈且技术含量比较低的行业，行业进入门槛低，那么威利士要筑造百年品牌，就要先把自己的品牌做好，练好自己的内功。威利士通过汇集业内优秀的施工技法，规范行业施工标准，建立系统化和全面化的施工流程，充分贯彻"工匠精神"，真正把"匠心工程"落到实处，把每一个项目打造成极致品质的工程，得到社会认可，满足社会需求。

苏州民俗博物馆位于苏州市姑苏区山塘街888号，分为地下一层和地上一层，是虎丘风景区新的网红打卡点。整个项目内装仅用四个月就全部完工。其中，该项目中最困难的是施工过程中的材料运输。因为古城区人流量大，白天无法运输施工材料，同时道路较窄，运输材料的大型交通工具无法进入巷子。综上所述，项目团队只能在晚上用人工进行材料的搬运和运输，同时不能产生噪音扰民，所以施工难度比较大。但在威利士人眼中没有完不成的项目，更没有做不到的事情，最终打赢了这场"无声之战"，圆满完成甲方下达的任务！

在施工过程中，我们严格按照图纸设计要求及国家相关的规范标准，精心组织，科学安排，在基础、主体、装饰及安装等部分工程施工过程中，无违反国家强制性规定的现象。施工工艺先进，施工方法合理，未出现质量事故，无质量隐患，整体施工质量水平较高。我们坚持"科技为先导，质量求生存；干放心工程，交满意作品"的质量方针，建立健全质量管理和质量保证体系，以建设单位为核心，并融合设计、监理、施工为一体，将创"国家优质工程奖"目标层层分解，层层落实，使施工质量处于良好的受控状态。

苏州民俗博物馆的设计利用自然光线提供室内照明，使得室内外景观共享，既可赏景又可作为观赏的对象，并且适应和融入整体的园林环境。苏州古典园林中几乎没有超过三层楼的建筑，这并非古代中国的建造技术达不到或经费不足，而是由于屋子一旦过高，不管屋外还是屋内的视觉意境都会遭到破坏。基于此，"不高不大不突出"成为该博物馆设计的一个重要理念。

苏州民俗博物馆采用了几何美学设计，使博物馆体现出现代感，却没有影响古典美的光彩。整个博物馆中央大厅是最引人注目的空间，屋顶像一幅几何形绘画，造型十分优美。这个设计源自贝聿铭借鉴中国传统建筑中"老虎天窗"的做法并进行了改良。同时，屋顶的立体几何形天窗和下面的斜坡屋面形成一个折角，进而发展和丰富了中国建筑的屋面造型样式。

三、利他

"利他"就是做有利于他人的事情，也就是我们传统文化中所倡导的"先人后己"。孔子曾经说"己欲立而立人，己欲达而达人"，自己要站稳，也要让别人站稳，自己要通达，也要让别人通达，还有"己所不欲，勿施于人"等，这些思想都包含着推己及人、站在他人角度考虑问题的道理。《礼记·坊记》更是提出"君子贵人而贱己，先人而后己"的思想，凡事把他人摆在前面，懂得谦卑和抑制自我。

在长久的岁月中，利他精神经过数代人反复的实践与弘扬，已经成为支撑企业永续发展的重要精神支柱。当企业能够游刃有余地在创造经济价值的过程中，始终怀揣着一颗利他之心，为造福和谐社会作出贡献，那么铸造百年品牌，将会成为一件理所当然的事。

正心

有这样一个故事，有一群人到了天堂，发现天堂中每个人的手都变成非常长的筷子，每个人夹了饭菜之后，都要给对面那个人吃，因为自己夹到的饭菜送不到自己的嘴里。可是到了地狱，每个人夹了饭菜都想给自己吃，所以地狱的人都饿死了，天堂的人都在享受生活。

利他之心，对每个人都非常重要。人的利他、孝心等德行，一部分是先天的，另一部分是后天教育熏陶的，利他之心是一个人不可缺少的素质。

被写进共和国简史、共和国勋章的获得者——张桂梅，正是因为一颗强大的利他之心创造了奇迹。

办一所免费的女子高中，是张桂梅坚定的理想。但在贫困地区办一所免费女子高级中学，尚无先例。现实远比梦想复杂得多。

当她想要办一所免费的女子高中，日夜奔走四处筹款的时候；当她省吃俭用，拜访无数的人依然面对资金困境的时候；当别人觉得她的想法太过天真，泼冷水的时候，很难想象是什么样的力量，让她熬过那些困境，一直坚持下去。张桂梅没有自己的孩子，对她来说那些女孩就是她的孩子。

都说为母则刚，而拥有这么多孩子的张桂梅，必须比任何人都要刚强。她的力量从哪里来？我想一定来自她对孩子们无私的爱、想要为祖国培育优秀人才的初心。

自华坪女高2008年建校以来，张桂梅已家访超过1600户，几乎每一名女高学生的家里，都留下了她的足迹。张桂梅不畏艰辛到学生家里做家访，了解家庭情况，帮助贫困家庭的孩子打开心结，帮助学生和家长认识到教育的巨大作用。从女高成立至今，加上在民族中学任教时进行的家访，她的家访路程超过 10 万公里。

张桂梅将自己的利己之心压减到了几乎全无的程度，而将利他之心发挥到了极致。在她眼里，功名利禄变得毫无意义，而让贫困山区的女孩子们走出大山，脱离贫困和愚昧，斩断贫困山区的贫困代际传播，才是她毕生的追求。

她的这份爱闪闪发光，终究会被大家看到。当记者把她的故事放到媒体上，讲述出来，每个人都被感动了。原来这个世界上，在我们的和平年代里，还有如此为国家为人民不顾一切的人。

她的这份大爱，先是传给了学校的老师，接着传给了她的学生，现在传给我们每一个中国人。

一个盲人在走夜路的时候，手里总会提着一盏明亮的灯笼，人们对此十分好奇地问道："你自己又看不见，为什么还要提着灯笼走路呢？"

盲人回答："我提着灯笼，既为别人照亮了道路，也让别人容易看到我，不会撞到我。这样在帮助别人的同时，也保护了我自己。"

想得到回报，就要先学会付出，让别人看到你的好，对方自然就会投桃报李。

一个人在做事的时候，如果事事都以他人为先，不过分计较自己的利益得失，必定也能得到他人的尊重与正向回馈。

在竞争激烈的商业社会，经营者应该追求利他，面对他人（员工和客户），要有一颗善良的心，只有这样，企业才能获得长远的发展。

稻盛和夫先生说："以利他之心度人生，能增强人的成就感和幸福感，最终回报会回到自己身上，对自己同样有利。"

正心

利己则生，利他则久。天生万物，莫不如此。

面对利己的竞争者，利他者应该如何面对？稻盛和夫给出的答案是"付出不亚于任何人的努力"，"别人做到一，你就做到五，甚至是十，这样就会弥补利他的'不足'，从而取得成功"。

很多人以为利他就是不去争，不去抢，好像给人一种软弱的感觉，但实际并非如此。利他意味着你需要更加坚强和勇敢——只有这样，你才能保护好自己的企业和员工。

在怀有温柔的利他之心的同时，还要有坚定的信念，付出不亚于任何人的努力，才能把企业做好。

稻盛和夫还形象地用佛像做比喻：释迦牟尼很慈祥，在佛教中，他是拯救众生和拯救世界的。但在释迦牟尼像的边上，还有一座如同凶神恶煞的仁王像。这也喻示着，我们要有一颗善良的心，但同时也要有勇敢的行为，去做好自己的工作。

2010年1月，高龄的稻盛和夫接手负债达两万亿日元的日航，只因如果日航破产，会对整个日本经济造成非常大的冲击和破坏。另外，也意味着会有三万多名日航员工失去饭碗。因为怀有利他之心，他才决定放手一搏，从没想过会成功还是失败，而是必须要努力做好。

依靠自己的良心和信念，去做一件事情，最终肯定会有一个成果。只要有利他的心，就一定能成功。稻盛和夫认为，不能有利己的思想，要为公司的发展而努力，这才是京瓷哲学的精髓。

第四章

管理理念：
心中有尺，眼中有事，
脑中有思，行中有力

俗语说，国有国法、家有家规，威利士要想持续健康的生存发展并不断壮大下去，我们的管理制度起着至关重要的作用。一个企业的发展，如同一个人的生命，不但要有结实强壮的身体，还要有一份蓬勃的精神。管理制度就像人体里流动的血液，带动着企业实现顺畅运转。制度严谨完善则气血通畅，健康朝气；制度缺失滞后则淤结梗堵，萎靡不振。

威利士的管理制度是处于员工意志之上的，但是与员工的利益相辅相成。威利士管理制度在制定时广泛参考员工的意见，一旦形成，全体人员必须无条件服从，同时不能因个人意愿而肆意修改，让员工无所适从。建立并严格执行威利士内部管理制度，不仅有利于威利士的资源合理配置，有利于调动员工工作热情，有利于提高经济效益，并且更能防范和发现威利士内部和外部的违规、违法行为。

威利士的管理制度虽已制定，但也不是一成不变的，随着威利士的发展和壮大，威利士坚持与时俱进的原则，不断完善和改进威利士管理制度。在完善和改进管理制度过程中，威利士充分调动员工的积极性，让员工树立企业主人翁意识，正确履行自己的岗位职责，让员工参与到完善公司管理制度的活动中来，为威利士的长远发展献计献策，使威利士获得蓬勃发展的动力。

4.1 制度化：制度大过总经理，流程大过董事长

威利士在成立初期，也曾遭遇过重创。当时，我们有三个工地同时接到甲方的指令要求停工，对于我个人和整个企业而言，这都是巨大的打击。

但也是因为这次挫折，我对做企业有了新的认识和思考。现实的教训让我明白，要想取得客户的信任，企业必须为客户提供优质的产品和服务，而要想保证优质的产品和服务，企业就必须建立更加严谨、完善的经营管理制度。

孟子曾说："离娄之明，公输子之巧，不以规矩，不能成方圆；师旷之聪，不以六律，不能正五音。"意思是即使离娄拥有非常好的视力，公输子（鲁班）拥有绝佳的技巧，如果不用圆规和曲尺，也无法准确地画出方形和圆形；即使师旷拥有极好的耳力，如果不用六律，也无法校正五音。

我对此的理解是，**凡事必须有所依凭**。对于企业来说，制度就是整个企业运行的依凭。制度就像桥墩，重在控制和约束，是企业管理的基础和企业有序运转的保障。

在威利士，**小到员工行为规范，大到内部反腐，都有一套完整的制度体系**。这些制度并不是高层拍脑袋想出来的，而是通过长时间的

实践总结并固定下来的，大多数已经相当成熟、稳定。

但没有一种制度在各个时间段都是完美无缺的，所以威利士每年都会结合新的实践经验进行修订、完善，在会议上大家一起讨论。可以说，威利士的制度凝聚着企业所有成员的思考和汗水。

威利士进行制度化管理时有一个核心原则——**一视同仁**。也就是说，在制度面前，无论你是一线员工，还是管理者，都必须服从企业的管理制度。比如威利士的会议制度规定，在会议期间，任何人员不得随意中途离场，即使是总经理中途出去接了个电话，都会被会议主持人记录下来，由负责部门按照规定给予相应的惩罚，做到执行到位。

"制度大过总经理，流程大过董事长。"这在威利士绝不是一句口号。

现实中有不少企业，嘴上喊着要进行制度化管理，但要么制定出来的制度大多是一些空话，要么不便于员工理解和落实执行。为了避免出现这样的问题，威利士在制定制度时，要求用语简洁易懂、事项具体清晰、责任划分明确，让员工一看就懂，并且知道该如何去做。

同时，为了不让制度成为一纸空文，威利士会从三个方面保证制度的严格执行：一是**培训**，对于新入职的员工，威利士会组织专门的制度培训，除此以外，威利士还会不定期组织各职能部门员工开展内部管理制度的培训活动，邀请知名咨询机构的老师前来授课，并由运营中心的负责人对《内部员工手册》进行详细讲解；二是**督查**，会有专门的督查官来检查员工的制度执行情况；三是**奖惩**，遵守制度是员工评奖评优的基础，而员工一旦违反制度，我们就会按照规定予以处罚。

制度是企业价值观的体现，实施制度化管理，并且不让制度形同虚设，反映了威利士对高效和诚信的追求。

　　事实上，在我本人看来，企业所能达到的最高境界是不需要任何制度，所有成员都能自动、自发地去工作，如同孔子所说的那样"从心所欲不逾矩"。

　　从这个意义上来说，我希望威利士的制度不仅仅是一种管理，而且是一种潜移默化的教育，帮助企业和所有员工迈向更高的境界。

4.2　程序化：好的过程决定好的成果

有一次我去施工现场视察，那时威利士尚处初创阶段，很多东西都不够完善，我想着多到一线去看、去听，或许能得到一些管理上的启发。通过现场观察，我发现几乎所有人都花了大量的时间在做重复劳动，工作起来毫无章法、随心所欲，现场一片混乱。这样的工作状态怎么能保证按时保质保量完成项目？于是我立即叫停了所有现场工作，召开了一个紧急工作会议。

在会议上，我抽点了几名施工人员，让他们说说自己的工作内容和对整个项目流程的认知，他们支支吾吾说不出个所以然，我又询问现场负责人为什么会出现这种情况，负责人也抱怨一刻不盯着就会出问题，表明自己实在是分身乏术。

问题的根源是什么？是施工人员工作不认真吗？是负责人工作疏忽懈怠吗？好像都不是。那么为什么大家都想做好，但却无法取得好的成果呢？很快我便意识到问题的根源在于管理方法，当时的威利士尚未形成系统的程序化管理，员工的工作缺乏可参照的程序、方法，如此才会显得工作杂乱无章。

此次视察让我清楚地认知到，必须在威利士推行程序化管理。威利士追求的是高效，是品质，只有科学的管理方法才能保证企业的高效运转，且只有好的过程才会带来好的结果。

什么是程序化管理？简单来说就是将那些周期性的、反复出现的、需要进行规范的工作编制成相应的程序，让员工明确工作内容、职责权限、工作先后顺序和具体操作方法，按照规定的程序做事。

程序化管理的好处十分明显，首先它能让员工知道**做什么、怎么做、为什么要这样做**，最大程度地避免工作中的重复、交叉，同时也能避免出现无人负责的"真空地带"，减少"踢皮球"现象的出现；其次，科学的程序能让员工对自己的工作产生宏观的认知，**清楚地知道当下所处的工作阶段和工作重点**，并能让员工**快速掌握最佳的工作方法**，减少不必要的重复劳动，以及因方法不当导致的返工，提高整体的工作效率。

所谓"天下大事，必作于细"，细节决定成败，而程序化管理就是最好的整治细节的工具。威利士对于品质和服务的极致追求，必须从重视细节开始。也正是基于这样的思考，我开始着手编写《威利士典籍》，对施工工序和施工方法进行详细介绍，让施工人员拥有可以直接参考的操作流程。

在威利士，对项目进行程序化管理体现的成效最为明显。威利士为确保把每一个项目打造成精品，建立了"138项目管理体系"，即项目前期一三阶段、项目中期三八阶段和项目后期八零阶段。

一、项目前期

项目前期包括现场踏勘、二算对比、团队组建、责任状签订、一级培训、前期策划、施工组编制、临设布置这些流程。其中现场踏勘、二算对比是制定高标准项目规划必不可少的，之后再组建团队、签订责任状，确定项目部管理人员和施工人员，对项目部所有员工进行一级业务培训。然后制定我们的项目计划，也就是人员计划、材料计划、进度计划、资金计划，还有节点验收计划，等到确定施工组进场把临时设施布置起来，项目的前期准备阶段就完成了。

在项目中标前期的策划阶段，项目经理需要针对这个项目如何展开，编制出翔实的规划，写出如何一步一步完成项目，令这一项目达到高品质水准。然后将这一规划向督查人员汇报，表明项目部的管理思路与决心。

督查组需要像验收工程项目一样，考察项目经理提出的规划是否合理，可操作性是否足够强，项目经理是否具有做好服务的意识，能否将这个项目落实到位等。锤子精神此时就是一把监督品质的标尺，对员工的工作任务进行丈量，一旦出现偏差，便立刻要求更正。

二、项目中期

项目中期是整个项目的核心内容，包括了土建验收、深化设计、二级培训、定位放线、图纸会审、样板先行、主材确认、过程管控、满意度调查、配套协调、隐蔽验收、成品安装、查漏补缺、内部验收等流程，这一系列操作流程详细而又规范地明确了项目实施过程中的每一步、每一节点应该如何操作，所有工程的开展都要依据这些标准来进行，一丝一毫都容不得马虎。各部门各司其职、分工合作，督查组全程督查，保驾护航。

项目中标后进入施工阶段，锤子精神同样刻在每个威利士人的骨血之中。得益于优越的督查制度，每周项目部经理要进行一次全场质量检查，每月督查组进行两次项目质量督查，在项目现场发现的问题，可以在现场提交给项目部人员，根据奖惩条例进行处理并要求项目部立即整改，对完全不合格的工程项目在现场直接用锤子砸掉重来。这就是威利士保证每一个项目都是精品的决心。

三、项目后期

项目主体工程完成后，便进入后期阶段，威利士不允许虎头蛇尾的现象出现，对项目后期的流程依旧有严格的规定。后期阶段又称为八零阶段，包括竣工验收、资料归档、竣工图绘制、班组结算、结算送审、反思总结、售后服务、创优评奖等。

项目的交付并不意味着质量监督的结束。威利士还会定期对客户进行回访，进行满意度调查。威利士的满意度调查有一个完善的制度，设立了相应的标准，对于采用什么样的沟通语言，回访内容包括哪些方面，都有完整的模板，回访人员是专职人员，只专注于这一项工作。

回访工作的重点是收集整个项目完成过程中的问题。将客户认为有问题或可以改进的地方记录下来，由工程督导部判断问题能否解决，若能够解决，便及时为客户解决；若不能解决，便寻求其他部门帮助解决。

这就好比商品销售后的售后阶段。在实际操作过程中，许多企业为了减少麻烦，将这一步骤省略了。但对于威利士而言，这是必不可少的一个环节。这个环节是发现问题、总结经验的重要方式，因为有些问题往往自身难以发现，而客户从使用者的角度出发，更容易看出问题。

　　凡是从事过工程项目投资控制的监理工程师都有这样的经历，工程在实施过程中，由于甲方和施工方多多少少都会产生不同意见，进而影响到整个项目的建设，这时候就需要进行现场签证，签证处理是工程施工中最容易引起争议的部分。我接触过的工程签证，都或多或少存在问题，产生问题的原因一方面是由于建筑市场的不规范，另一方面是参加建设的各方不够重视。

　　我们威利士在2017年的时候就提出，通过精准化的设计，争取"零签证"。在项目初期，我便要求项目部制定最详细的项目规划，并和甲方反复就施工过程中可能出现的问题协商解决办法；在施工过程中，我要求施工组的标准超出市场平均水平30%；住建系统企业综合信用评价400分，我要求每一个项目超过400分，甚至达到600分。正是威利士不遗余力地为甲方着想，在业内赢得了口碑和声誉，很多人甚至愿意用高出市场的价格购买威利士的服务，威利士用最好的过程，赢得了最好的结果。

4.3 透明化：所有的事情都能拿到台面上来讲

对于建筑装饰行业而言，财务可以说是一个痛点，这归根于建筑行业企业体量大、资金量大、结算时间长的特点，拖欠农民工工资甚至成为社会聚焦的热点问题。威利士开始的时候也遇到过拿不到甲方项目款，发不了员工工资的困境，这些问题造成了很多风波，虽然我们把问题解决了，但结果还是让我们得到了不少教训。这些问题犹如一记记警钟敲醒了我，在不断完善威利士各项管理制度的同时，我一直想着如何让企业的财务管理做到和谐、公平、透明？如何让威利士的每一笔支出和收入都能一目了然？

财务管理是企业管理的重要基础，企业除了涉密的财务信息，其他的业务收支情况都要公开公示，以得到员工的检查与监督。威利士学习和引进了先进的管理理念和良好的企业文化，在企业实施透明化的财务管理。在费用报销、员工薪资、项目专款专用等方面，威利士坚持制度透明化、公开化、公平化，使员工了解并掌握企业发展、经营管理的全过程，从而激发员工的工作积极性，提高企业管理水平，防止决策者出现重大失误，树立良好的企业信誉和形象。

一、报销制度透明化

为了给员工营造和谐、公平、透明的环境，增强员工爱岗敬业精神、职业道德素质和工作责任意识，我们在报销管理上制定了《威利士费用报销管理制度》，全面规定了报销范围、报销时间、报销流程和审批、报销额度、私车公用报销等内容，从而使员工的报销有制度可以遵循，实现实报实销，对于保障员工的利益和节约企业的开支都起到了良好的促进作用。

差旅费用一直是企业支出中的重要部分，差旅费数额大、业务繁琐，而且企业很难监管到位，部分员工会想方设法在这里面做文章，以便报销超额的差旅费，很多企业很难避免这种事情发生。在威利士早期，也有一些员工在报销费用的过程中弄虚作假，多报多销，但是在实行了《威利士费用报销管理制度》之后，这一现象基本没有了。比如一个员工去外地办事，财务依据他办事的地址、时间做出预算，他乘坐高铁去的就据实报销高铁车票，他住了几天酒店就据实报销住宿费用。超过这个预算了，就说明他的报销数据有不实的地方，需要他和他的经理做出说明。这就很好地规避了虚假报销的行为，从而保证了员工和企业的双方利益。

威利士报销管理制度另外一个优越性是它的及时性，员工每月将需要报销的单据和数额走完审批流程后交给财务，财务在核对无误后请示主要领导，批示以后就会直接付款，整个报账的周期很短。如果报销流程繁琐，报销审批拖延，会极大影响员工的工作积极性。我在财务中心多次告诉财务人员，我们的报销制度是先进的，那么我们在时间上也要体现效率，我们威利士快速、务实的作风，在财务部同样适用。

二、工资薪酬透明化

很多人刚进入社会的时候，他们的长辈可能会告诫他："不能问别人工作挣多少钱，无论多熟都不能。"没错，在现代社会中，有很多事情是忌讳谈论打听的，个人薪酬正是其一。你问你同事的工资，发现他每个月比你高很多，心里难免会觉得同工不同酬，从而消极工作，不求上进；你发现自己比同事工资高，又难免沾沾自喜，觉得自己各方面都比同事优秀，但职务等级却相同，由此又怨领导有眼无珠、不识英才。大家可能觉得既然这样，我们把工资薪酬保密，不要互相讨论，让大家埋头做事就行。但越来越多的企业家发觉，对于企业而言，薪酬制度透明化更利于企业的长远发展。

威利士最开始的员工工资薪酬是处于半保密状态的：列出员工工资明细，不禁止互相讨论工资，但也不公开工资账单。在开始的时候，威利士没有完善的奖惩制度，员工每月工资基本是固定的，不会额外多给优秀奖，也不会扣去成长资金，在这一阶段，我认为威利士员工的工资是比较平衡的。在威利士发展起步的阶段，这种没有差距的薪酬待遇可以让员工拧成一股绳，大家劲往一处使，共同推动威利士这艘大船驶进深水区。

随着威利士的不断发展，各种规章制度已经完备，尤其是科学的人才管理制度、员工激励制度已经建立。绝对平等的薪酬制度已经损害了企业部分优秀员工的利益，他们为威利士尽职尽责，兢兢业业，辛苦付出，企业给予的待遇却原地不动。

基于此，我们建立了更灵活更透明的薪酬制度，一改以往"死板"的工资构成，员工的工资单上详细列出当月工资数额，包括奖惩、技能补贴在内，这就出现了企业内优秀的员工，其工资明显比同工同岗的人员高出一截的现象。对于这高出的一截，公司给出翔实透明的数据，让其他员工明白差距所在，这就在员工之间无形中出现了一种竞争。这种多劳多得的薪酬制度，激励优秀员工，在企业上下形成了良好的竞争环境，也促使企业向更深更远的方向前进。

威利士的薪酬等于能力乘以考核，薪酬制度除了透明之外，还有两点是不可触碰的底线，一是诚信，二是绝不拖欠员工工资。在几年前，威利士为了项目的统筹建设和整体考量，于是把一些项目外包出去，这些外包项目的承包主体在某一方面是优于威利士的，也一直是威利士良好的合作伙伴，但在施工过程中却出现了拖欠工资的行为。我了解了情况后，发现他们的做法触碰了威利士诚信和绝不拖欠员工工资的底线，就紧急调拨资金把拖欠的工资补上，并立即终止和外包企业的合作。自此之后，威利士所有的项目都自己做，没有经验就向先进企业学，没有人员就高薪请进，我们宁愿从头做起，也不愿意把威利士的牌子交给别的企业。

威利士每月 10 日发放工资，如果有员工在 11 日才收到工资，整个财务中心从上到下都要接受处罚。去年有一个项目，项目部拖欠了工人工资，款额不大，只有 1000 多块，但员工去当地人社部门反映了情况，知道这一情况后，我立即严肃批评了该项目部经理，并按照奖惩条例进行了处罚。

三、项目专款专用透明化

古代三军出征，常常会说兵马未动，粮草先行，就是在将士出征杀敌之前，要充分准备好粮食和草料。在威利士也是同样的，要做到"项目未动，专款先行"。项目专款是项目建设开展和落实的基本保障，也是项目顺利交付的重要物质基础，事关企业和员工的切身利益，在落实企业发展战略上具有重要意义。

手里有粮，心里不慌，对于项目建设而言，充足的项目专款可以保证项目的顺利开展，但并不是项目专款越多越好，这样不仅会加重企业的负担，造成不可避免的浪费，还会打击其他项目部的工作积极性，直接影响工程建设的进度和结果。项目专款也不能太少，这样更容易造成项目部和施工组因资金流转产生矛盾。我们威利士的项目专款解决这种矛盾的直接手段就是专款专用和公开透明。

在项目初期，我们制定详细的项目资金台账，在台账中分时间节点罗列出班组人数、子目数量、材料总量、工种需求、人工成本，使得投入账款一目了然，然后根据合同要求，依据比例确定应收账款。这样就明确了在一定时间节点，工程需要投入的资金和应收账款，从而使账目清楚明了，规避了盲目投入的风险。这样建立起来的项目专款台账也更有说服力，能让甲方认同和满意。

项目专款台账建立好之后，威利士就把这笔账款存入工程部的专用账号中，实施专款专人专用管理。每一笔支出、每一笔付款，小到日常用具的采购，大到主体材料的支付，都须经项目经理验收，交与专人经手，所有支出在项目台账中清楚记录。通过这一系列组合拳，使得项目专款做到专用、公开、透明，让项目部、施工组的人员能确切地知悉项目专款的去向，让企业高层能准确地把握项目资金的动态，让甲方能清楚地了解项目建设的进度，从而实现各方面的融洽沟通，确保项目做到极致，做出品质，做成精品。

4.4 安全化：
每一个员工的背后都是一个家庭的责任

安全问题是工程建设过程中最不能忽视的重要内容，这不仅关系着工程项目建设的顺利进行，对参与工程施工人员的安全也是基本保障。"管工程，必须管安全"是保证项目建设有序发展的根本，只有每一个人都切切实实地认识到"安全责任大于天"，我们才能确保安全工作落到实处。安全是企业的基本底线，安全也是企业的最高责任。

我在如何做好工程安全管理方面花了很多心思，我深知每个员工跟着我们，我们要对他们负责，他们都是有家庭的，所以安全无小事，要严管严控。安全生产是关系到员工个人和家庭的生命线，也是企业经营和发展的生命线，只有牢牢把握生产安全底线，才能谈企业发展，才能谈百年基业。

一、加强安全生产方面的培训和宣贯

增强施工人员的安全意识、安全理念对于企业的安全发展起着至关重要的作用，威利士对安全生产的教育和宣贯是不遗余力的。

首先，将日常的安全知识，以两级培训的方式，让员工接受、吸收，从而让员工全盘掌握和理解安全常识，提升员工应急能力。项目前期

对所有人员进行三级安全教育训练，使员工的安全意识得到大幅提高，达到提高员工的应急处置能力、实现全员安全的目的。

其次，开展以安全生产法律法规、各项安全管理制度及相关安全知识等为主要内容的宣传教育。在施工现场采取警示标语、安全手册、图片展、现场会、有奖知识问答等形式，对安全管理人员、一线作业员工、特种作业人员等开展培训，具体培训内容为安全管理制度、应知应会安全知识、有关法律法规、操作规程和技术标准等。

最后，在每天的晨报会上，项目经理、安全监督员反复向施工人员灌输安全知识，增强安全防范意识，对当天有可能出现的安全问题进行隐患排查和重点督查。施工组人员每天将建设进度、安全设施摆放情况在项目群里拍照、拍视频上报，由安全员每天进行督查，一旦发现安全隐患，立即要求现场解决到位，并反馈给项目经理，对相关人员进行处罚。

二、建立和完善安全文明施工标准

为了落实好安全管理，威利士制定了详细的《安全文明施工标准》，主要内容包括安全生产例会、安全检查、安全教育培训、安全生产责任、安全督查、安全奖惩等。每一个项目的项目经理都是安全施工"一把手"，负责领导企业的安全生产工作，一旦有安全隐患，项目经理必须第一时间处理，出现安全问题而项目经理没有发现的，要对项目经理进行惩罚。

同时，威利士制定了科学的现场管理方案，包括物件管理和环境管理。物件管理就是要求各种材料堆放有序，施工现场用水、用电严格按照安全标准进行，保证安全通道畅通；环境管理要求作业场所要通风采光，加强电源、火源控制，严禁在施工现场抽烟，加强现场办公室、会议室、员工宿舍、食堂卫生管理，严格控制外来人员出入现场，坚持进入现场人员必须戴安全帽制度。

三、不断完善各项安全防护设施

安全设施是保证安全生产的物质基础，也是提高生产效率的重要保证。威利士要求每一个施工现场都有消防设施，如灭火器、砂箱、铁锹等，这些器械要放在明显的方便取用的位置，有突发情况可以就近取用和处理；进入现场必须戴安全帽，安全帽要统一上墙，摆放整齐；设置临时茶水室、抽烟室、厕所，施工现场严禁吸烟，严禁随地大小便；施工现场所有的临边和洞口必须有防护；对楼梯扶手、成品要有保护设施；临时用电实行"一机、一闸、一箱、一漏"，禁止使用花线和拖线板，二级电箱必须有可靠的接地保护，禁止二级电箱私拉乱接电线；员工要配备劳动保护用品并购买意外伤害保险。

威利士还优先采用先进施工设备和先进工艺，提高施工安全系数。威利士积极开发和使用智能工地模式，在工地出入口安装人像扫描仪器，非相关人员无法进入现场；在工地现场安装智能摄像系统，全方位对施工现场进行监督，确保材料放置安全、施工人员安全。

四、加强安全监管和督查

威利士的完全监察管理是贯穿工程建设始终的，项目经理是现场安全责任的主要负责人,但项目经理本身要处理项目上大大小小的事情,这些工作千头万绪,在检查工程现场时,难免忽略一些微小的安全隐患,所以威利士有专人负责安全问题监督,以便配合项目经理严格把控安全关卡。

威利士在每个项目上都设置了安全员岗位,主要职责就是协助项目经理排查现场安全隐患,防患于未然。安全员每天必须到现场检查各种安全设施,检查施工人员是否做好安全防护,比如安全帽和工作服的穿戴是否正确,确定无误后安全员要填写安全日记,等施工人员把每日现场图发到群里,安全员还要第一时间通过图片和视频确认是否存在安全问题。

除了安全员,督查员在实施项目督查时也要把安全问题放在首位。威利士在督查制度中,明确指出督查员在安全方面的重要职责,要求他们在督查项目时,对安全督查做到不留死角,不放过任何一个安全隐患。

威利士是一个追求极致的企业,在安全方面,我们也同样确保"零"安全事故,项目经理、安全员、督查官的三级安全督查体系,完整系统地保证了项目施工过程中不出现任何事故。从安全制度体系建立以来,威利士做到了"零"事故发生,在保证员工生命、财产安全,保障公司利益方面,威利士也做到了极致。

第三项目公司的安全督导员小何很年轻,还是一个"90后",刚刚步入社会,前两年才来到威利士,工作经验、资历都有不足。他进入威利士工作后,因为做事认真细心,经理便让他负责安全管理。对于刚来公司的年轻人来说,这个岗位很容易得罪人,工程部的项目经理、施工人员都比他年纪大，经验比他丰富，他很难在安全方面指出这群"老师傅"的问题。

　　小何并没有畏难怕苦，而是做到了初生牛犊不怕虎，他认真深入地了解了威利士的各项规章制度，尤其是安全方面的，对于现场物料怎么堆放、临时用电的电线怎么铺设、临边防护该怎么安装、安全标识怎么放置，他比从业多年的施工员还清楚。在施工现场，只要看到安全问题，他不管是老师傅还是经理，都敢于直截了当地指出问题。

　　有一次，施工人员按照工作要求把现场照片发到项目群。照片发出来后，项目经理看了，觉得没有问题，就在群里回复了"通过"。但是小何看了照片后，立刻在群里指出了问题，有一位施工员的头盔没有扣上卡扣，很随意地戴在头上。其实这个事情很小，他本可以私底下和经理说说，这样经理和施工员都不会受到处罚。但是，小何在群里指了出来，项目分管领导在群里看到消息后，立刻批评了项目经理和施工员，并做出了处罚。

4.5　精细化：用工匠精神对待每一个细节

　　日本人煮鸡蛋，用一个专门的容器，长宽高各四厘米，正好装一个大一点的鸡蛋，下面有一块托盘，可以盛50毫升水，一分钟后水开了，然后再烧三分钟，关火之后利用余热再煮三分钟，接下来用凉水泡三分钟，使这个蛋很好剥壳。这样的操作流程简单明了，还能使煮出的鸡蛋达到营养价值的最好状态。同样是煮鸡蛋，中国人是把鸡蛋往锅里一放，然后出去洗漱或干点别的，等他回来，看一看，再自我感觉一下，认为好了，就拿出来了，没有什么标准参考。这样煮鸡蛋的结果对比是，日本人节约了4/5的水和2/3的热，同时还让鸡蛋达到了最佳的营养状态，这就是精细化的差别。

　　随着市场竞争日趋激烈，作为威利士的掌舵者，如何让威利士有更广阔的市场，有更光明的前途，有更瞩目的成就，是我一直不断思考的问题。回想以前接手的项目，大部分是按照建筑行业原有的标准完成的，项目管理、项目建设都是用过去的经验和标准，这种粗放式管理方法，在实际施工过程中缺乏对质量的关注与重视，造成工程项目在竣工之后质量问题仍时有发生。

　　粗放的管理模式，让我们很快就尝到了苦头，那时候有几个项目，在竞标过程中，我们毫无亮点和优势可言，最终没有拿下项目，给企业造成了无法弥补的损失。失败的代价是惨重的，威利士直面自己的失败，在失败中敢于发现自己的问题。我发现我们的模式过于简单，照搬行业基本准则，没有创新，粗放发展，这是我们失败的根源。我们去施工现场查看，材料东一堆西一堆；电线没有统一规划，经常杂乱地在现场铺设，找得到头找不到尾；会议室、办公室杂乱无章，找一份文件都要找半天。基本上，别人在施工现场出现的问题，我们都出现了，而且全部没有解决。

看到这些情况后我痛心疾首，为了解决这些问题，这些年来，我不断完善威利士的各项规章制度，从零做起，对每一个项目的前期策划、岗前培训、过程管理和督查制度等进行标准化改造。在工程实施过程中，做好科学、严谨、细致的管理与控制，科学、合理地对各部门和人员进行安排与分配，确保施工过程中的每一个步骤都达到精确化、标准化。正是这些精细到不放过每一个细节的措施，为威利士的发展奠定了基础，造就了威利士的成功。**在威利士，质量问题与道德问题一样，不走捷径，是不可妥协的最高原则，是必须坚持的底线！**

一、《威利士典籍（施工工艺篇）》

《威利士典籍（施工工艺篇）》是我在 2019 年编写一本书，写这本书的初衷只有一个：展现威利士的工艺水平，发扬威利士的工匠精神。威利士作为建筑装饰行业的标杆企业，我们相信自己的工艺水平已经达到了行业领先标准，《威利士典籍》就是本着总结、发扬这些优秀工艺而写的。

在书中，我详细地介绍了威利士的工程管理体系制度、安全文明施工管理细则、施工质量管理细则、工程资料管理细则、公司督查管理细则，全面讲述了工程施工的详细过程，细致地制定了施工标准。通过实施这些制度，威利士的工程管理工作更加精细，确保项目上的每个人都能明确自己的责任和义务，在实际施工过程中全面提升自己的责任意识，在开展工程建设中进一步规范自己的行为。

比如书中提到的五步放线法，有些同行企业也会在施工现场放线，但是没有严格的标准，没有细致的要求，没有精准的定位，有些施工人员甚至因为是老师傅，线随便一画，就开始了施工，从而导致整体品质不尽如人意。威利士的五步放线法，要求现场先定位放线后施工，每一个工程现场必须先做基准线、1米水平线、地面完成线、墙面完成线、顶面完成线，这些线没有划好，工程就不能开始施工，五步放线法是威利士在总结多年施工经验的基础上，创新的精细的现场施工放线标准。

《威利士典籍》展现了我们精细化、标准化的工艺技术，使得工程的每一个步骤都清楚明了，这就让甲方更加信任我们的品质。自《威利士典籍》出版以来，因其精细的施工工艺介绍、标准的施工流程概述、清晰的工程施工步骤，得到了同行和许多合作方的首肯和赞誉。我相信，在不久的将来，《威利士典籍》将会让更多同行企业受益。

二、项目督查制度

想要让一个工程尽量少出错，督查工地十分重要。在督查期间，可以及时发现问题，然后及时改正过来。督查管理制度是威利士极具特色的企业管理方法，工地督查既是对工地现场管理、形象、卫生以及安全的突击检查，同时也为项目保质保量完工提供了双重保障！

项目督查人员是公司在施工过程中派出的代表，负责协调公司与客户之间的关系，代表客户监督整个装修过程。项目督导必须本着公平公正、廉洁奉公、实事求是的原则，坚定不移地贯彻、执行工程部的各项验收标准和管理制度。在施工过程中，负责对项目经理的施工质量、材料质量、服务质量以及整体配套产品的安装质量，进行监控监管。按照国家有关规定及公司的质量标准，对工艺流程、施工质量严格把关。对于不合理的设计方案、不正确的施工工艺、不合格的材料，项目督查人员必须及时提醒负责项目的设计师、项目经理或各部门主管，并且具有纠正、整改的权利和义务，杜绝设计事故和施工质量事故。

在整个施工过程中，项目督查必须对分期分批到场的装修材料进行内部验收（即监理自检自验）。对于私自更换使用质量低劣材料的项目经理，一经发现，必须立即下达《整改通知单》，并上报公司工程部，给予严惩。装修材料内部验收合格后，项目督查也可以提醒或组织客户、项目经理到场共同验收。

在施工过程中，项目督查必须组织项目经理、客户、设计师等相关人员，进行施工质量分段验收，并做好验收记录。对于不合格的施工项目，应督促项目经理进行整改，并按情节轻重给予警告或处罚。确认施工质量验收合格后，再进行后续施工。项目督查对工程的变更项目应及时组织设计师、项目经理及客户共同确认，认真填写增减项目单，参与派发工单，按工程进度，协助财务给项目经理发放工程款。对于配套产品的安装，项目督查应到场对其安装质量进行验收，如果遇到问题，项目督查应本着团结合作的原则，从维护公司声誉的角度出发，组织配套产品负责人，共同努力，将问题内部消化或解决，减少客诉客怨，而后将问题上报公司研究解决。

项目督查应定期或不定期地到施工现场进行巡查、抽查，监督指导项目经理的日常工作，保证施工现场的施工质量，保证施工人员的服务质量达到公司要求的标准。在整个施工过程中，项目督查应保证至少每周进行一次客户电话回访，询问客户对我们的施工质量、服务质量有没有什么不满或意见；至少每周与客户到施工现场进行一次检查，客观了解一下客户的感受，认真记录客户的不满和意见，上报工程部，积极解决客户提出的问题，直到客户满意为止。时刻以客户满意作为衡量自己工作的标准，公正、客观、综合地考评项目经理本人及其带领的施工队伍，必须做到奖优罚劣，不断淘汰不合格队伍。发现并培养优秀的项目经理和施工队伍，积极配合、协助工程部经理的日常工作，参与编制或修改工程部的各项管理制度、工程验收规范等文本条款。

在日常工作中，不断总结经验，积极进取，向工程部提合理化建议，为公司事业发展而努力奋斗。每天督查工作结束后，经理立刻组织会议，对今天的巡检进行总结，交流沟通施工进度及施工注意事项，保证施工高质量顺利进行。每一次督查，不是做面子工程，而是希望能够及时发现问题，尽早改正。我们看似"吹毛求疵"的每一步，都是为了确保每个项目都是精品工程，让客户100%满意！

4.6 人性化：管理要懂人性、知人欲

在西方的人力资源管理理念中，人是被当作资源去利用、开发的，我认为这是狭隘地把人看成物，严重违反了人性。人和动物最大的不同就在于人的自主性、创造性最高，人性需要受到尊重。如果把人当作一种资源，他就没有了自主性，没有了尊严。

我们中国人有一个说法叫做："三分做事，七分做人，内方外圆，为方圆之道。""内方"是指做人的棱角，做人要有原则，这是立世之本；"外圆"是指与人相处要圆润、有技巧，与人相处时保持灵活性，乃是处世之道。

韩非子有一句话："下君尽己之力，中君尽人之力，上君尽人之智。"好的企业家会尽人之智，而优秀的企业家则会尽人之心，尽人之欲望。要勾起人的内心欲望，管理者就要做到懂人性、识人心。

公司想要留下优秀员工，不能只靠福利薪酬，更需要通过独特的文化价值观和人才管理体系，才能真正留住和激励这些"千里马"。

任正非作为目前中国最具代表性的企业家，在华为入职培训中，他再忙也会给新人讲使命、愿景、价值观。

他清晰地告诉员工，其工作的意义和价值，还有对客户的好处。

正心

除了在员工职业生涯转变期，公司在新产品和新政策推出，或面临重大机遇及危机时，华为管理层都会让员工看到背后的意义，让员工发自内心地认可和支持公司的决定。

威利士的管理建立在懂人性、知人欲的基础上。在威利士工作，就是做事先做人，做事人为先，做人我为先。我们在做任何事情前，先把人考虑进去，再去考虑事情如何开展，把员工的"向上心"激发出来，满足员工的自尊心，让员工在情绪稳定的环境下，心怀实现梦想的希望，最主要的目标是使员工乐于工作，安于生活。

一、在对员工尊重和信任的基础上进行绩效管理

威利士每一个员工都有自己的绩效考核表，表格中包含了年度目标和月度考核要点，本着尊重和信任的原则，这张表格的内容由员工本人填写，作为每月绩效评分的重要参考标准，这样就直观地体现了员工工作效率的高低。

对于公司的年度目标、季度目标乃至月度目标，通过数据对比，会很清楚地知道目标的达成情况。通过考评还能够让员工知道，本月不足及待改进事项。从员工的自我评价到直属主管的点评，再到领导的建议，使员工能够很清晰地认识到自己的工作成果和当月不足及需要改进事项，针对性极强，从上至下始终保持一致。

每月的8日是威利士绩效考核日，这一天在威利士大学会定时召开全员绩效大会。在会议中，主管会对部属逐人进行月度复盘，总结过去一个月所有取得的成果和需要改进的事项，对下个月考核的重点

工作进行安排和部署。长期以来，家人们在会前都会有一种很强的期待感，看看这次是谁拿到了现金奖，又是谁被评为部门优秀个人，看看优秀团队又花落谁家……

除了给优秀者掌声，绩效考核会也要协助表现不佳者成长，每个部门主管在会中都要针对部门员工绩效失分事项做重点分析梳理，拟制出改进计划，并纳入下个月绩效考核重点。只有通过层层纠偏，才能保证月度目标实现，直到季度、年度目标顺利达成，让其成为一种"夯实、精进"的习惯。

通过每月绩效考评，在主管与员工的互动沟通交流中，对每件事收获的成果与经验进行提炼，使好的做法得以归纳和传承，同时通过对不足之处的反思，解决了认知问题，统一了思想，更重要的是碰撞出思想火花，协助员工甚至部分能力相对较弱的主管，找到解决方案和提升计划，为未来能解决更多重要问题打下坚实基础。

二、提倡员工"自我管理"，不片面依赖"硬性管理"

最好的管理，莫过于让员工都能够自律。依靠制度进行管理，很大程度上要依赖于一种外力，在这种外力存在时，员工可以规范地开展工作，一旦这种外力有所松懈，员工的工作质量就会下滑。对此，威利士通过人性化管理，使每个员工都成为一个管理单位，从而增强员工的自我管理能力，这样不但可以通过内在力量推动员工高效工作，还可以促进员工提升个人能力与素质。

赵红亮是威利士的一名普通员工，他的年龄已经比较大了，文化程度也不高，但是他仍然坚持考取了二级建造师资格证。由于白天要在工地上班，他只能利用晚上的时间看书。他生活简朴，住在货柜车一样的房子里，晚上蚊子多，蚊虫叮咬很难受，他就打一桶水，把脚放在桶里面，这样就能减少蚊虫叮咬，而且能凉快一些。他就是在这种环境中不断学习，最终通过了二级建造师考试。

2014年有个项目在园区，项目要求6、7月份交付，只能抢工期。当时6月份的天气，已经很热了。我去现场查看的时候，看到一个人头上披着一块湿毛巾，光着膀子在整理那些用完退回来的材料，这些东西是比较杂乱的，他一个人满头大汗地整理分类。当时我就问他在干什么，他就说把这些退回的线缆、工具整理好之后，可以退到总公司再次入库，等到下个项目开工可以继续利用。我说这么热天气你不能休息一下，等到下午凉快点再处理，他说下午的工作很忙，只有中午这段时间有点空，而且下午有车过来可以直接拉回总公司去。这个人就是赵红亮，他虽然只是一名普通的威利士员工，但他主动担当，认真对待工作，时刻严格要求自己，自觉管理自己，这种精神值得所有威利士人学习。

三、用情感激励员工，把工作做得更好

企业的管理者要时刻注意员工的感受，用情感去打动和引导员工，员工往往也会表现得更加优秀。员工在生活和工作上有困难时，我们都会第一时间给予帮助和关怀，用实际行动帮助员工。我还定期组织员工开展感恩会、谈心会，让员工有家庭般的感觉。

威利士大学校长鲍金霞一直致力于威利士的人文培训和感恩文化宣传，当她得知公司有一个员工和他儿子已经有很多年不说话了，而且当儿子的很多年没正式喊过一句"爸爸"。于是鲍总就把他儿子喊过来，听了威利士的感恩课。在课上，我们通过感恩、责任心、孝道文化等知识灌输，慢慢打开他儿子的心结。然后设计了一个游戏环节，要求儿子把眼睛闭上，让那名员工给他儿子献上玫瑰花，他儿子既惊喜又感动。接下来在分享会上，他儿子当着所有学员的面分享了自己的人生历程，直言他以前一直不认可自己的父亲，出现了很多隔阂，发生了很多冲突，之后一直没喊过爸爸。在课程结束后，他看到父亲头上的白发，真诚地喊了一句"爸爸"。

下 篇

正 行

第五章

品质立企：
精品不是喊出来的，是干出来的

人们常说"物竞天择，适者生存"。当今世界，是一个开放的世界，发展浪潮波涛汹涌，一个企业要在竞争中乘风破浪，立于不败之地，靠的是企业优良的产品质量。一个企业，无论它的产品广告有多么漂亮，包装有多么华丽，但是如果没有质量，那么这个企业的生命将会是短暂的。企业要生存和发展下去，首先务必以产品或服务的质量取胜，以高质量的产品在社会上树起信誉。

金奖银奖不如客户的夸奖，金杯银杯不如客户的口碑。可见质量对一个企业的重要性，任何企业要想获得用户的青睐，最根本的还是要看重质量，良好的、过硬的、稳定的产品质量，才是企业立足的基石。质量是企业生存的基石，质量是企业发展的金钥匙。

1985年，张瑞敏开始担任濒临破产的青岛电冰箱总厂的厂长。一天，有一位朋友要买一台冰箱，结果挑了很多台，每一台都有毛病，最后勉强拉走一台。

朋友走后，张瑞敏派人把库房里的400多台冰箱全部检查了一遍，发现共有76台存在各种各样的缺陷。张瑞敏把职工们叫到车间，问大家怎么办？当时一台冰箱的价格是800多元，相当于一名职工两年的工资。有人提议，这些冰箱虽然有点小瑕疵，但不影响使用，便宜点儿处理给职工算了。

张瑞敏说："我今天要是允许把这76台冰箱卖了，就等于允许你们明天再生产760台这样的冰箱。"他宣布，这些冰箱要全部砸掉，谁生产的就由谁来砸，并抡起大锤亲手砸了第一锤！出于心疼和自责，很多职工砸冰箱时流下了眼泪。

面对此情此景，张瑞敏语气坚定地说："过去大家没有质量意识，所以才生产出这么多不合格产品，这是我的责任。这次，我个人的本月工资全部扣掉，一分不拿。今后再出现质量问题就是你们的责任，谁出质量问题就由谁承担责任。"自此，"质量"二字在青岛冰箱总厂员工心中落地生根。

就是这一柄大锤，伴随着那阵阵巨响，真正砸醒了海尔人的质量意识！三年后，该厂产品在全国评比中获得国家质量金奖，这是我国电冰箱行业取得的第一枚质量金牌。

如果说水是生命之源，那么质量又何尝不是企业的生命之源呢？企业当以质量谋生存。任何企业，若想在竞争激烈的市场中立足，若不讲求质量，注重信誉，那么后果是不堪设想的。千里之堤，毁于蚁穴，试想如果威利士的项目质量把关不严格，在项目施工中不负责任、马虎了事，那么项目完成后势必会损害甲方的利益，从而失去甲方的信任，企业的形象也将会一落千丈，后果不堪设想。质量是一份承诺，质量是一份责任，质量是一份忠诚，质量是企业的生命。

高品质才是产品的立足基石，是企业发展的灵魂和竞争核心，是企业生存和长远发展的根本。日月经天，江河行地，威利士在建筑装饰行业的竞争中自强不息，发展不殆，真抓实干，不断增强质量意识，积极开展质量攻关，用最极致的品质和服务回报甲方的信任。

5.1 "三个一"工程：一致性、一次性、唯一性

据不完全统计，一个企业的平均寿命只有七年，那些被市场无情淘汰的企业可能存在各种各样的问题，比如内部管理失衡以及外部市场环境恶化等，但毋庸置疑，大部分企业是栽在了不注重产品质量这个环节。成功的企业无一例外，都重视产品和服务的质量。一个企业想做大做强，必须要不断努力提升产品和服务的质量水平，提升产品质量是提升企业核心竞争力的根本手段，是保证企业站稳脚跟从而能够持续经营的重要手段。

在我看来，质量是产品的基础，没有质量，谈什么品牌、发展、竞争，这些都是空话。尤其是对于我们建筑装饰企业来说，质量更是威利士赖以生存和发展的基石。只有不断打磨每一个项目，把每一个项目都做成精品，把装饰事业做到极致，把项目品质做到极致，才能打造威利士的百年基业。

我国自古以来就是注重品质的，古代很早就建立了严格的质量监督体系。《吕氏春秋》中记载："物勒工名，以考其诚，功有不当，必行其罪。"当时要求制造者把自己的名字刻在产品上面，一旦产品出现质量问题，就按名字追究制造者的责任。当时秦国的兵工厂，都要求

工匠在所造兵器上镌刻名字，作为对兵器质量的担保，每一个这样的名字背后都是一份沉甸甸的责任。也正因如此，秦代遗留至今的每一件兵器上，都刻有各级管理者和制作者的姓名。所有兵器工艺的精准度非常高，误差仅为0.02至0.8毫米。这些名字和数据，为大秦帝国打造了一支战无不胜的军队，征服了其他诸侯国，真实记录着大秦统一中国的历史密码。

英格兰有一首著名的民谣："少了一枚铁钉，掉了一只马掌；掉了一只马掌，丢了一匹战马；丢了一匹战马，败了一场战役；败了一场战役，丢了一个国家。"这是发生在英国查理三世时的故事。查理准备与里奇蒙德决一死战，他让马夫去给自己的战马钉马掌，铁匠要钉第四个马掌时，还差一个钉子，马夫一直催促，铁匠便敷衍了事，没有钉第四个钉子。不久，查理和对方开战，大战中忽然一只马掌掉了，国王被掀翻在地，士兵们以为国王被杀，纷纷溃逃，战役以惨败告终，而王国也随之易主。

一个国家的品质，关系到国家的命运；一个企业的品质，关系到企业的生存。威利士把每一个项目打造成精品项目，就必须管理好每一个项目的流程。威利士有完整的项目前中后期措施，从立项开始，到项目结束，每一步都有明确的举措。这些举措是我在行业里30年经验的累积，具体如何实现这些举措，无外乎我常讲的"三个一"原则。

一、一致性

威利士至今已经成功承建了上千个建设项目，这些建设项目涉及行政办公、学校、医院、酒店、博物馆、隧道等不同用途,虽然建筑物用途不同,种类各异,但是每一个项目都坚持一致性原则,就是认真对待每一个项目,对品质保持敬畏之心,永远把品质放在第一位,把装饰事业做到极致。

在建筑装饰行业,每一个项目都有它独特的要素制约,我们要充分了解其功能、文化、环境、风格、造价等,从而做出精品,奉献给社会。比如同样是医院,普通医院和儿童医院就需要有不同的装修要求,普通医院要突出简单大气,儿童医院要突出关爱温暖,他们整体的装修风格就有了明显的区别和特定的需求。所以,对于威利士而言,每一个项目都是全新的挑战,我们不会采用既有的方案,也不会照搬以前成功的案例。在设计的过程中,我们会根据建筑物表现风格、客户需求、市场流行趋势、资金预算等因素,双方进行细节沟通,做出清晰完整的施工设计方案。

一个项目立项以后,我们就是抱着把它打造成精品项目的决心去的,施工设计方案确定后,施工组就严格按照施工设计开展施工,督查组就按照企业制度开展督查,处理好施工过程中的每一个细节。细节出现了问题,施工流程出现了问题,施工结果不尽如人意,我们采取的措施都是"一锤子砸掉",重新再来。有好几个项目,甲方都觉得可以通过了,不需要砸掉再来了,我们还是砸掉了,因为我们自己不满意,没有达到我们追求极致品质的标准。

二、一次性

在威利士有个不成文的规定,威利士的项目验收必须是一次性通过。在验收阶段，企业领导层、项目经理、甲方代表、监理方、质检员、督查官等，对项目的每一个细节进行验收，威利士的项目要经受众多火眼金睛的检验才能通过。如果把项目验收当作一场考试，那么威利士要求每一个项目的得分不是60分及格，而是100分。只有交出了100分的答卷，让所有人都满意，考试才算通过。

那些没有得满分甚至没有及格的项目，就会被"一锤子砸掉"，重新改造，直到交出100分的答卷为止。

有一次验收一个学校的项目，我们验收完毕后，觉得不满意，一是幼儿园的颜料涂装出现问题。幼儿园需要彩色涂料，比如橙色、天蓝色、绿色等，各种颜色之间就出现了一些拼接的地方。这就要求刷涂料必须要一步到位，如果不能一次性做到位的话，拼接部位就会很难看，而且这种彩色涂料更不能去补，一补的话就是斑斑点点。我们在工艺方面和产品控制方面是没有百分百到位的。

二是报告厅吊顶的铝板出现问题。大报告厅和阶梯教室一样，报告厅吊顶的铝板是轻微变形的，我们在铝板存放、安装等几个方面出现了问题。第一道采购关没有把控好，导致第二道验收关的负责人员也没有把控好，直到最后一道关上墙之后的安装标准也没有把控好，从而导致成品出现了问题。

三是吊顶石膏板出现问题。学校教室吊顶有穿孔石膏板，那种石膏板上面是穿孔、带造型、有颜色的，通过有序地拼接在视觉上形成一个整体。在石膏板安装过程中，石膏板的间距有一些问题，还存在一些色差，所以最终呈现的结果难以让我们满意。

这个项目甲方和监理都验收通过，可以做竣工验收了。但是我们发现了这些问题，我们仍然选择"一锤子"砸掉，由我们的督查官跟工程管理部带着锤子亲自砸掉，增加成本大概100万元左右。

三、唯一性

威利士是追求极致的企业，具体表现在品质和服务两个维度，威利士要做到"品质唯一，服务唯一"，每一个项目的品质和服务不仅要高出同行，还要高出自己。高出同行，就是要在现有的市场标准上更加严格要求自己，市场要求我们做到400分，我们要求自己做到500多分，高出市场30%。高出自己，就是在每一个项目结束以后，我们要通过总结项目里的宝贵经验，反思项目里的不足，不断提升自己在专业领域的整体水平，不断提升自己在行业内的领先程度，让今天的自己比昨天更优秀，明天的自己比今天更优秀。

威利士有高于同行的品质保证和服务意识，威利士的成功，就是建立在"品质唯一，服务唯一"的基础上的。威利士在成立之初就建立了高标准严要求的质量保障体系，制定了规范的质量标准和业务标准，加强对企业员工的业务培训和技术传授，从而保证项目设计的科学性、建设的工艺性、成果的唯一性。

2021年，威利士"苏州市口腔医院平江院区室内装饰工程""江苏省苏州市第十中学金阊新城校区内装工程"两项工程荣获了国家优质工程奖。

苏州口腔医院是二级口腔专科医院，始创建于1908年，1978年经苏州市革命委员会批准，创建了平江区牙病防治院。防治院于80年代后期更名为苏州口腔医院，现又称为苏州大学附属口腔医院、苏州市红十字口腔医院，是南京医科大学、皖南医学院的教学医院，同时也是江苏省医院协会口腔分会常委单位，苏州市口腔医学会挂靠单位，苏州市健康管理学会常务理事单位。医院连续获得11届市级文明单位、5届省级文明单位。医院承担着全市口腔医疗、教学、科研、预防等工作。医院坚持以人为本，树立"以病人为中心"的理念，努力建设成为国内知名的三级口腔专科医院。

苏州市口腔医院平江院区室内装饰工程单体建筑面积19600平方米，地下车库建筑面积8000平方米，并添置牙椅300台、X光机等口腔医疗设备以及办公设备，设置住院床位50张，年接诊患者预计达36万人次规模。

自开工以来，威利士项目部通过前期预控、资源整合，并针对该项目的特点、难点、亮点进行有效梳理、策划和方案拟定，利用加班时间给施工工人进行岗前专业培训、测试考核，定期组织班组长召开沟通协调会议，对现场各班组碰到的交叉施工配合问题及发现的安全文明施工、质量工序等方面的问题进行专项部署，明确责任到人，最终确保项目如期保质保量完成施工任务。

江苏省苏州市第十中学前身为名震东南大地的"振华女中"，由王谢长达女士创办于1906年。校园为清代织造署旧址，景色秀丽，古迹众多。西花园为皇帝行宫后花园，康熙六下江南，乾隆六次南巡，在苏州均驻跸于此。振华时期留下来的建筑物，如行政办公楼、振华堂、长达图书馆（蔡元培先生题匾）等业经修饰，旧貌换新颜，浓郁的学校文化弥漫在校园里。"质朴大气、真水无香、倾听天籁"的学校文化精神物化在一草一木上，形成了丰富的人文景观，造就了令人羡慕的育人环境。在管理体制、学科建设、名师培养以及数码校园建设、教育国际融合等方面日益凸显办学特色，受到社会各界的高度肯定和广泛关注。

江苏省苏州市第十中学金阊新城校区内装工程总建筑面积37579.15平方米，其中计容面积34640.49平方米。新城校区项目东临虎殿路，西临藕前路，北临白塘泾街，拟定规模为16轨48班，即从高一到高三，共48个班级。建成后十中分校最多可容纳1900多名学生。

装修设计上充分尊重建筑设计，做到内外呼应，体现现代学校的特点，做到建筑的可持续性发展，材质精良，绿色环保，达到功能与美学的融合，实现学校建设的现代化、地域化、人文化、数字化。整体设计与自然生态和谐，把学校办成与自然结合的生态场所、发展学生的兴趣场所、无处不在的互动学习场所、幸福创想场所，体现课程文化设计理念。整体装饰的视觉效果既有传统的历史文化传承，又能体现现代化书院式校园典雅、庄重、朴素、自然的风格，有其饱满丰富的文化格调和人文精神。另外，还要实现空间视觉一体化效果，注重人文关怀。

为了让学生更快地融入校园生活，我们旨在创造一个友善平和的优质学习环境，让学生们能够愉快地学习，提高社会认同感，充分挖掘展现自身潜能，培养他们照顾自己、独立生活及适应社会的能力。

国家优质工程奖是国家质量奖的一部分，在工程建设领域享有盛誉。威利士此次荣获国优大奖，是对公司标准化、岗前二级培训、督查官等品质管理制度的认可与激励，威利士将再接再厉，不忘初心，以极致品质与专业服务、创新技术为客户实现价值增值，继续提升设计施工质量，为客户带来更多的精品项目。

5.2 两级培训：管理班子培训 + 施工标准培训

工程质量是威利士信誉的保障、成功的基础，每一个项目启动之前，我都要求从上到下所有参与项目的人员都需要进行培训。很多同行可能忽略了岗前培训，但威利士一直坚持岗前培训，这种培训可以提升团队竞争力，增强团队凝聚力，提高团队战斗力，这是威利士每一个项目都能做到极致的不二法门。

威利士所有项目进场前，工程管理中心均会召开岗前一级培训。我们的一级培训是管理班子培训，培训的主要人员是项目管理全套班子人员，再加上各个施工班的班组长。主要内容就是了解针对该项目采取的措施、项目施工的难点和重点、项目和其他项目的共同点，培训主要从工程管理体系制度、安全文明施工管理细则、施工质量管理细则、工程资料管理细则、公司制度管理细则等方面展开。通过一级培训，项目管理班子对项目形成清晰的建设思路，为后面精准地做出"三表计划"打好基础。同时，明确了各个人员的职责分工，有利于项目实施过程中指挥人员、管理人员、监管人员各司其职，协同配合。

一级培训人员参加完培训后，就开始二级培训，我们的二级培训主要参与人员是各个班组的施工人员。培训主要由项目经理负责，项目组针对每一个不同的班组，比如木工、瓦工、水电工，在不同的阶段，分专业、分批次，做好专业培训，在培训结束后进行考试或考核。二级培训还会结合施工现场及相关管理规定，介绍现场施工管理的典型事故案例，图文并茂地对日常工作中的注意事项、安全规定、危险点、现场安全措施等进行深入浅出的分析，切实提高现场施工和管理人员的专项施工管理水平，掌握安全管理知识。

2021年3月25日下午1:30，我和部分项目部的家人回到威利士大学，参加了项目部岗前一级培训。参加此次培训的项目部管理人员包括项目经理、施工员、安全员、质量员、资料员、材料员、班组负责人等，大家对待这次培训都很认真，并且充分准备，严阵以待。

这次项目部的岗前一级培训主要是针对当时即将开工的四个项目所做的前期培训工作，项目分别为独墅湖中学项目、苏州和无锡金融街项目、周市镇幼儿园项目。各个项目团队分别做好施工组织设计和"三表计划"，开展团队述职，并由督导团队进行点评，为后续施工确保安全、质量、进度等提供建议。

此次培训会议分别从工程管理体系、安全文明施工、质量管理、进度管理、资料管理、公司制度管理等方面进行了深入讲解，为我们打造精品工程奠定了良好的基础。

常务副总经理徐娟对此次培训进行了总结，她表示必须坚持以打造精品工程为核心的理念，用死磕的精神做好每件事，所有项目人员必须用工匠精神对待自己的工作，为实现极致品质而共同努力，完成"专注把装饰事业做到极致"的使命！

——摘抄自威利士员工培训笔记

5.3 督查官制度：相互督促，相互学习，相互成长

督查管理制度是威利士极具特色的项目督查管理方法，随着威利士在市场不断开疆扩土，项目数量越来越多，这些项目想要尽量少地出错，督查工地十分重要。在督查期间，我们可以及时发现问题，然后进一步改正过来。工地督查既是对在建项目的安全、进度、质量、资料整理、安全文明施工及施工服务的突击检查，同时也为项目的顺利竣工提供了双重保障！

项目督查是公司在项目施工过程中的一个重要环节，是发现问题、解决问题并防范重复发生问题的学习指导过程。项目督导必须本着公平公正、廉洁奉公、实事求是的原则，坚定不移地贯彻、执行工程部的各项验收标准和管理制度。在施工过程中，负责对项目经理的施工质量、材料质量、服务质量以及整体配套产品的安装质量，进行监控监管。按照国家有关规定及公司的质量标准，对工艺流程、施工质量严格把关。针对那些不合理的设计方案、不正确的施工工艺、不合格的材料，项目督查人员必须问责负责项目的设计师、项目经理或各部门主管，并且具有纠正、整改的权利和义务，以杜绝设计事故和施工质量事故。

在整个施工过程中，项目督导必须对分期分批到场的装修材料进

行内部验收（自检自验），合格后报监理验收。对于私自更换使用质量低劣材料的项目经理，一经发现，必须立即下达《整改通知单》，并上报公司工程部，给予严惩。装修材料内部验收合格后，项目督查也可以提示或组织客户、项目经理到场共同验收。

在整个施工过程中，项目督导必须组织项目经理、客户、设计师等相关人员，进行施工质量分段验收，并做好验收记录。对于不合格的施工项目，应督促项目经理进行整改，并按情节轻重给予警告或处罚。确认施工质量验收合格后，再进行后续施工。项目督查对工程的变更项目应及时组织设计师、项目经理及客户共同确认，认真填写增减项目单。项目督查参与派发工单，按照工程进度，协助财务给项目经理发放工程款。对于配套产品的安装，项目督导应到场对其安装质量进行验收。如果遇到问题，项目督导应本着团结合作的原则，从维护公司良好形象的角度出发，组织配套产品负责人，共同努力，将问题内部消化或解决，减少客诉客怨。而后，将问题上报公司研究解决。项目督导应定期或不定期到施工现场进行巡查、抽查，监督指导项目经理的日常工作，保证施工现场的安全状态、施工质量、施工人员的服务质量达到公司要求的标准。

在整个施工过程中，项目督导应保证至少每周一次，做好客户电话回访，询问客户对我们的施工安全、进度、质量、文明施工和服务质量等有没有什么不满或意见；至少每周一次与客户相约到施工现场，客观地了解客户的感受；认真记录客户的不满和意见，上报工程部，积极解决客户提出的问题，直到客户满意为止。时刻以客户满意度为衡量自己工作的标准。公正、客观、综合地考评项目经理本人及其带领的施工队伍，必须做到奖优罚劣，不断淘汰不合格队伍，发掘培养优秀的项目经理和施工队伍。积极配合、协助工程部经理的日常工作，参与拟制或修改工程部的各项管理制度、工程验收规范等文本条款。

在日常工作中，不断总结经验，积极进取，向工程部提出合理化建议，为公司事业的发展而努力奋斗。从现场督查回到公司后，立刻组织会议，对当天的巡检进行总结，总结沟通施工进度及施工注意事项，保证施工高质量顺利完成。针对问题，以解决问题为导向，我们一直在努力做到最好。

督查的每次巡查，不是做面子工程，而是希望能够及时发现问题，尽早改正。我们看似"吹毛求疵"的每一步，都是为了将每个项目都打造成精品工程，让客户100%满意！

一、督查的三大重点

第一重点：工程质量和进度。工程"质量"与"进度"共存，两者互为一体，只有质量没有进度，或是只是有进度没有质量，都等于零，两个方面缺一不可，要两手抓、共兼顾。

第二重点：工程管理。一是标准化，做好前期策划、培训、实施前的交底、施工中的检查与控制、事后的改进并形成标准化；二是团队建设，做好人员管理，包括项目团队、施工队伍等都要纳入督查范畴；三是全过程管理，从计划编制到实施等，如"三表计划"的执行，以及安全管理、材料供给、质量管理措施等管理重点。

第三重点：现场管理。现场管理就是企业管理的实际体现，现场管理做得好不好可以完全展现企业的管理水准，透过现象要看到问题本质，不能因为忙乱或事情繁杂就松懈。管理就是把小事做好，才能管好大事，大事要抓，小事更要抓。

二、督查的六大环节

一是提升。做到分工明确，朝着强针对、共学习、同成长的方向努力，督查的目的就是为了大家共同提升。

二是检查。检查大于信任，我们不能自说自话，自己给自己评分，必须要实行专人、公平、公正的检查，然后给出考核成绩。

三是指导。要为被督查项目提供指导和帮助，进一步提升管理水平，在督查过程中要有温柔的一面，不仅是判断对与错，还要在遇到问题后，做到一起交流一起探讨，找到一种解决问题的方法，最终形成威利士的标准。同时被督查的项目部要乐于接受，保持空杯心态，才会有更多提升机会，要改变"质量是客户要求"的旧有观念，而是我们自身对品质的追求，品质即人品。

四是交流。对督查发现的问题，通过分析讨论后项目部要虚心接纳，并一起想办法解决，做到及时改进，乐于交流。如果在解决过程中遇到困难，统一由总督查官汇总反馈到总公司，通过总公司的支持，经协商、改进并最终找到解决方案。最重要的是通过交流探讨，把能够做好的经验总结出来，通过检查、验证、提炼，然后再推广出去，以达到共同进步的目的。

五是建议。督查后要有思考，每一次活动后都要提出待改进的建议事项，这些建议内容不仅仅是针对被督查项目部的，通过整个执行过程，对分公司及总公司也要同步提出建议事项。

六是复查。督查问题要有落实，更要有复查和追踪，不要忙了半天，查出来一些问题，却没有落实解决，这样就等于没做。我们一定要跟踪到问题解决为止，做到事事有反馈。

5.4 进度上墙：以始为终倒推工期

一个人早上起来，最开心的事情应该是清晰明了地知道今天应该做什么，要达成什么样的目标。对于企业来说，没有目标的企业是没有指南的船，如果企业失去了目标，就失去了前进的动力，最终会在茫茫大海上迷失方向。

目标管理是绩效管理的基础，高效的目标管理制度对于企业的重要性不言而喻，可以充分调动员工的工作积极性，形成科学、有效的工作方法，提升企业整体的绩效水平。威利士的目标管理细化到每一个员工，按照年度计划、月度计划、周计划有序递进，这种方式既符合威利士的发展需要，也符合员工的利益需求。

一、目标分解

成功的企业都善于把长远的战略目标细化分解到每一个部门和每一位员工身上，通过员工再把目标细化到年月日，通过层层细化，让宏伟的大目标变成一个个可以努力实现的小目标。威利士每年会根据战略目标，为每一个部门制定详细的部门年度目标，要求每一个员工对一年的工作都有明确的规划，然后年分到月，月分到周，周分到日，同时对目标管理进行监督。

威利士有专门的目标管理日志本，这个本就是按照全年计划、月计划、周计划的模式设计的，日志本的前面是企业文化学习和规章制度学习内容，然后是年度计划表，再往后面有12个月，员工要把每个月的计划写在里面，然后每月计划还要细分成周计划。

1984年，在东京国际马拉松邀请赛中，名不见经传的日本选手山田本一，出人意料地夺得了世界冠军。两年后，山田本一代表日本参加比赛又获得了冠军，人们都觉得很奇怪。记者问他为什么能战胜对手获得冠军，他总是神秘地说："我凭智慧战胜对手。"

10年后，这个谜终于被解开了。山田本一在他的自传中这么说："每次比赛之前，我都要乘车把比赛的线路仔细地看一遍，并把沿途比较醒目的标志画下来，比如第一个标志是银行，第二个标志是一棵大树，第三个标志是一座红房子，这样一直到赛程的终点。比赛开始后，我就奋力向第一个目标冲去，等到达后又以同样的速度向第二个目标冲去。整个赛程，就这样被我分解成几个小目标，轻松地跑完了。起初，我并不懂这样做的道理，我把我的目标锁定在赛程的终点线上，结果我跑到十几公里时就疲惫不堪了，我被终点前那段遥远的路给吓倒了。"

马拉松全程是一个很大的目标，本来是很不容易实现的，可是山田本一把这个大的目标分解成一个一个小的目标以后，在实现大目标的道路上先实现一个一个的小目标，最终实现了自己的大目标。

二、进度上墙

每一个项目进场的时候，工程部会制定进度计划，比如说这个工程的工期是180天，从9月份到明年的3月份，那么工程部就会把工作进度全部贴在墙上。一张大表贴在墙上，上面详细罗列出每一个月、每一周的工作任务，指导项目部去施工。

这个进度计划表并不是一成不变的，可能因为某些原因一些工序会提前，一些工序会滞后，这时候就需要更新进度表了。项目部每个月都会召开项目总结会、分析会，监理方、甲方都会参加这个会议，对整个项目的进度进行总结分析，研究处理施工过程中出现的问题。有时候根据工期倒推，有些可以慢的工序需要缓一下，有些快的工序需要穿插进去，这个表就一直在更新。

工程部所有人员就像军队听到进攻的指令一样迅速投入战斗，每一天需要完成多少工作，每一周需要完成多少进度，这些工作要求都清晰明了，这样每一个员工才能最大限度地发挥自己的战斗力，使得项目如期完工。

三、目标监督

"人们不会做你希望的，只会做你检查的。"虽然我们已经分解细化了目标，进度已经上墙，但如果威利士不去监督管理甚至置之不理，项目工程的战略目标依旧很难达成预期。没有检查就没有执行力，战略目标的最终达成离不开威利士对目标的监督管理。

威利士每月会让部门经理对员工的日志本进行检查，查看每个员工是否有完整的月度计划，每个月的月底是否有完整的总结，对照年度计划、月度计划、周计划，查看员工是否达成自己计划的目标。为了使检查结果显而易见，威利士对员工的达成情况用绿、黄、红三色标记，绿色代表达成，黄色代表需要整改，红色代表整改后依旧没有达成。检查结果直接应用于绩效考核，如果一个员工的日志本上的结果显示为红色，那么我们会依照规定进行处罚。

5.5 高标准验收：标准高于行业 30%

工程项目的竣工验收是施工全过程的最后一道程序，也是工程项目管理的最后一项工作。威利士验收每个项目时候，都是按照精品验收的标准去执行的，精品就是威利士每个项目的目标。

一、验收高标准

《威利士典籍（施工工艺篇）》一书中，详细地介绍了质量验收标准。这些标准是威利士在行业中奋战数十年的经验集成，在行业标准的基础上，更加规范，更加严格，展示了威利士把每一个项目都做成精品的决心，体现了建筑装饰行业内一个负责任者的担当。威利士以这些质量验收标准为准则，在验收过程中不放过任何细节，用比甲方还挑剔的态度进行验收，得到了行业内外人士的一致好评。

南京栖霞检察院项目位于南京栖霞区学林路以西、文鼎路以南，项目为五层高的办公楼，并设有单层高的地下车库，建筑面积约 15928 平方米。

本工程的验收程序正常，项目督导在全过程管理中，参与现场检查约13次，开立整改通知单117条，其中质量类问题46条、安全文明施工类71条，后期整改完成114条，整改完成率约97.4%。在检查过程中对甲方、监理等部门进行9次回访，开展满意度调查，满意项达95.2%，较满意项达4.7%，总体满意度较高。业主对威利士的前期策划和岗前培训、过程进度及质量控制、整体服务与质量呈现都很赞赏。

苏地2013-G-32号地块室内装修工程的地址在度假区孙武路南、香山北路西，工程类别是办公楼，建筑面积5.5万平方米，地上九层，地下两层，框架结构，工程造价7007.83万元。共有1#、5#、6#三栋主楼和小楼楼梯间公共区装修。其中1#为办公区，5#为接待室、会议室、办公区，6#为办公区。耐火等级为一级，办公楼室内环境污染控制等级为Ⅰ类。本工程于2019年1月16日进场，同年8月31日竣工验收。

工程一开始就确定了争创"国家优质工程奖"的质量目标，在施工过程中严格按照图纸设计要求及国家相关的规范标准，精心组织，科学安排，在基础、主体、装饰及安装等部分工程施工过程中，无违反国家强制性条文现象。施工工艺先进，施工方法合理，未出现质量事故，无质量隐患，整体施工质量水平高。

我们坚持"科技为先导，质量求生存；干放心工程，交满意作品"的质量方针，建立健全质量管理和质量保证体系，以建设单位为核心，并融设计、监理、施工为一体，将创"国家优质工程奖"的目标层层分解，层层落实，使施工质量处于良好的受控状态。施工前精心编制完成创"国家优质工程奖"策划方案，为工程整体创优工作提供了实施依据。成立了创"国家优质工程奖"工程工作小组，为科技推广、施工创优及QC小组活动等提供了组织保证。实行样板领路，对易发生的质量通病，提前制定治理措施，进行工艺优化，达到了质量的预控效果。

二、节点验收

节点验收计划，是威利士加强工程质量管理的重要手段之一。威利士参与的项目工程一般都是中大型工程，项目建设周期长，施工程序复杂。

为了保证工程质量，威利士制定了节点计划，节点验收就是在明确施工节点的基础上，每一个工程节点完工之后，工程部就带领施工组长、督查官、甲方代表等验收人员对当前节点工程进行验收，在每个月的总结会上通报验收结果，并在验收结果的基础上对原有项目进行整改，确保每一个工程节点完成时都能通过验收。

威利士确保每道工序施工前必须进行技术交底，施工中跟踪检查，工序验收实行"三检"制度，进一步优化项目施工管理，走精细化管理之路。每天分班组开好班前会，同时利用晚上业余时间对作业人员进行安全和技术培训，持续打造学习型、技术型团队，引导管理人员不断提升综合素质，发挥创造性思维，为打造优质工地提供人才与技术支撑。进场人员佩戴工作牌，穿工作服，整个施工现场形成了处处有人管、时时有人查的动态管理机制。

三、督查验收

督查验收是贯穿每一个项目始终的，督查官每月两次的固定督查，就是一次验收,督查内容包括安全文明施工、施工质量、施工进度工作落实情况,督促员工以责任心和敬畏心打造精品工程。督查工作从物料、进度、安全等各方面开展,装修材料进场时督查人员要对分期分批到场的装修材料进行内部验收,施工过程中要进行施工质量分段验收,整理资料时要检查资料的完整性和程序的规范性,最后还要监督项目部进行内部验收。

四、资料验收

工程建筑是一个看得见、摸得着的实体,是一个"硬件",大家的目光都聚集到那里,而工程资料只是一个"软件",往往容易被忽视。在大多数工程项目中,项目部将更多的精力都放在了前者上,他们抓进度、抓质量、抓关键目标的实现,等到面临验收了,才抽调人员,加班加点突击整理材料。

威利士对资料验收也是非常严格的,资料管理主要分为施工资料、安全资料以及督查评分资料这三部分内容。施工资料主要涉及施工前期管理资料、质量控制资料、安全及功能核查资料,以及分部分项目验收资料;安全资料主要是安全十一册内容;督查评分资料主要涉及政府主管部门打分和公司打分两部分。

项目验收前,项目部必须按当地工程技术资料管理规定,完成工程技术资料的整理、组卷、自查工作,为验收提供必要条件。验收通过后,项目部要及时收集各项验收记录的原件,经整理、汇总后形成完整的工程资料。与工程建设有关的重要活动、记载工程建设主要过程和现状、具有保存价值的纸质资料、声像资料等各种载体的文件,均应收集齐全，整理组卷后归档，具体要求应符合当地政府及集团公司档案管理相关规定。

五、内部验收

在整体工程项目完工后，项目部内部管理层要进行内部验收，这次验收以评分制为主，场地、各种涂料、地面、墙面等，项目部对所有施工内容进行评分，最后形成这个项目整体的评分汇总表。在验收过程中，没有达到标准的，就一律砸掉重来。项目部验收满分是500分，只有达到了480分，才能将验收结果呈报工程部，由工程部组织最后的验收。

六、全面验收

一个工程项目通过层层努力，最终还要接受全面验收，这其中付出了很多的努力和汗水，最后的验收才意味着工程施工的结束。在验收中，公司领导层、督查官、甲方代表等多人组成的验收团队，对项目整体进行评分，结合督查分数、平均分数、最后一次内部验收分数，从而计算出整个项目的总得分。

验收分值最后纳入绩效考核，全年项目得分纳入年度考核，得分最高者为年度第一，前三名分别奖励10万元、1万元和5000元。同样的，倒数第一名就要接受相应的处罚。

5.6 赏罚分明：
罚要罚得心惊胆战，赏要赏得心花怒放

三国时期，马谡因为不听劝告，失守街亭，而被诸葛亮挥泪处斩。作为诸葛亮的心腹爱将，犯了错误，仍然难逃责罚，这就是诸葛亮的赏罚之道。作为企业领导者，绩效考核是推动各项工作落到实处的有效举措，通过绩效考核，清醒地认识到我们目前工作中的不足，更好地发挥绩效考核"指挥棒"作用，不断提高工作效率和质量。威利士的绩效考核管理是透明的、公开的，这就意味着员工应得奖励还是应受处罚都有规章制度可循，都是绝对公平的。

管理就是管人，管人重在安人，就是管住人的心，威利士的奖励和惩罚的力度都是相当大的，重赏之下必有勇夫，赏要赏得心花怒放，这样才能激发员工工作热情和潜力，提高工作效率，为威利士做出更大的贡献；重罚之下必除懦夫，罚要罚得心惊胆战，这样才能让员工戒除工作懒惰和不负责任，保证威利士的每一个项目都能成为精品。

威利士部分奖项类别及金额。

1. 希望之星奖：500元。

2. 最具责任心奖：1000元。

3. 盯关跟奖：2000元。

正心

4. 优秀员工奖：3000元。

5. 优秀项目经理奖：5000元。

6. 优秀班组奖：礼品。

7. 尊师奖：5000元。

8. 守护者奖：5000元。

9. 责任锤子奖：国际豪华游。

10. 卓越贡献奖：10000元。

11. 忠诚使命奖：20000元。

12. 卓越忠诚使命奖：40000元。

13. 优秀团队奖：50000元。

14. 卓越团队奖：100000元。

15. 项目评比第三名：5000元。

16. 项目评比第二名：10000元。

17. 项目评比第一名：100000元。

2021年度内部评比第一名是优秀的郑泽浩团队。

他们是一支年轻有活力的团队，团队平均年龄为28岁，最小的仅为23岁，但他们是敢打胜仗、能打胜仗的团队，在项目管理过程中他们将团队精神发挥得淋漓尽致。在孙子兵法博物馆项目上，他们在考虑如何将项目管理好的同时，还不断优化创新，推广抓实高质量精细化工程项目标杆管理，共推工程管理守正创新、行稳致远，实现工程管理水平由合格向优秀进而向卓越迈进，打造威利士特色现代卓越工程项目管理标杆模式，助力威利士高质量发展。在苏苑高级中学内装项目上他们细化管理，让项目运行的每个环节都变得简单，提高了管理效率，让项目管理在"细"中取胜！同时他们践行创新理念，强化管理创新，奋力开创工程项目管理新局面。他们团队先后负责的两个项目获得了甲方和监理的高度评价，为公司赢得了口碑，获得了赞誉。

在做好项目施工管理的同时，他们不断精进，不忘提升。在苏苑高级中学项目中，团队主要骨干成立QC小组，研究提高墙面大板块玻化砖质量合格率，经过不断分析人机料法环的影响因素，找准了主要原因并提出了解决方案，提高了墙面大板块玻化砖质量合格率，取得了良好的经济效益。同时，小组成员的团队精神、质量意识、个人能力、工作积极性以及解决问题信心也得到了进一步提高。

威利士每个月进行绩效考评，在绩效考评会议上评选出最美奋斗者，然后还会评选年度最美奋斗者，这是威利士对工作认真负责、表现出色的好员工的一种鼓励。

获得奖励是一种荣誉，是威利士对个人的高度认可和赞誉，那么当威利士人在工作中出现差错，甚至影响到集体利益时，威利士的处罚手段也绝不手软。威利士的奖惩管理细则，是在科学的绩效管理制度下，基于公平、公正、公开的原则，为了增强员工遵纪守法的主动性和自觉性，规范员工行为，提高员工素质而制定的。

在威利士的规章制度中，有明确的奖惩制度，对于违反威利士制度的各种行为，视情节轻重、后果大小、认识态度等进行惩罚，惩罚类目共计五类75条，包括日常行为、工作纪律、出勤请假等方面。

一般情况下，对员工处分由员工所在部门主管开具处罚通知书，经综合办调查审核通过，上报总经理审批后执行，并在威利士内部公示，员工受记过以上处罚的计入年终考核分数。

威利士参与的清华EPC工程项目，因为疫情防控要求，有一个月不能进场，于是负责项目的陈总只能在最后一个月追赶工期，而且在这个过程中，督查组没有进场督查，因此出现了七处不合格的地方。在最终验收时，虽然甲方已经觉得合格了，但是督查官严格按照威利士的验收标准，直接指出了存在的七处问题，并结合总督查官及各项目部项目经理综合评价作出如下处罚：一、清华EPC验收不合格，按要求整改完成后，报工程部及督查官重新组织验收。二、督查官周一带上锤子到清华EPC将不合格的地方砸除，并限定整改时间。三、根据督查会精神，整改所需成本由项目部承担。

陈总面对验收结果，表示服从验收结论，在当天就砸掉了不合格的地方，并且按照要求完成了整改。

第六章

人才强企：产品值钱，团队更值钱

三国时期刘备建立蜀汉时，人才济济，文臣蚁聚，将星云集，文有卧龙诸葛，武有五虎上将。可后来文臣武将相继去世以后，蜀国难以维持局面，形势急剧恶化，很快就被魏国灭亡了。一个国家因为拥有人才而兴盛强大，企业也一样，对于现代企业而言，现代企业的竞争本质是人才的竞争。人才是一种特殊的经济资源，企业兴衰乃常事，但究其原因，无外乎都是"得人才者昌，失人才者败"，因此人才强企是企业发展的关键所在。威利士立足人才培养，以人才为基础，坚持走人才强企的发展路线。

清代思想家魏源说:"人才者,求之则愈出,置之则愈匮。"人才资源是第一资源,威利士在人才战略上也是立足长远、高瞻远瞩的。我在威利士建立之初,就重视人才的使用和培训,身为领导者,要有思贤若渴的爱才之心、伯乐相马的识才之智、海纳百川的容才之量,才能有知人善任的用人之艺。目前威利士所有中高层管理人员都是我一个一个精心挑选出来的,他们有些人一开始就和我一起为了威利士拼搏,我对他们的了解比对家人还熟悉。正因如此,我才能最大限度地调动威利士人的积极性、创造性和主观能动性,使威利士的骨干力量形成一个团结合作、奋发向上的优秀团队,从而在市场经济的大海中乘风破浪、顺利前行。

威利士的人才战略主要有三点:一是重视人才引进,每一个进入威利士的员工,都以品德高尚为准则,立足公司实际,重点引进紧缺人才和实用型人才。在人才引进上,威利士一向未雨绸缪,哪怕某个岗位已经暂时饱和了,但只要有合适的人才,我们仍然会坚持录用。

二是重视人才培养,我们专门成立了威利士大学负责培养和训练威利士员工,同时有两级培训、晨夕会、四新会等全方位的培训课程,做到有的放矢,充分挖掘威利士员工的潜力,提高他们的综合素质和专业能力,为威利士的未来培养认同企业愿景、价值观的职业化人才。

正心

　　三是关心爱护人才，威利士积极建设"以人为本"的企业文化，创造出尊重人才、尊重劳动、尊重创造的氛围。营造以人为本的工作生活环境，带着深厚的感情对待员工，满腔热情地关心员工，让每一个威利士人有"公司就是家"的感觉。威利士还认真做好员工服务工作，解决他们工作和生活中的实际问题，努力营造一个工作顺心、居住舒心的环境。

6.1 选人："正"是底层逻辑

得人才得天下，失人才失天下。对于企业来说亦是如此，人才作为事业的根本，兴衰成败就在选人、用人上。选人、用人是企业家的基本功和必修课，好的选人用人机制能让一个企业快速发展，而选用错误的人则会给企业带来巨大的损失。

威利士依照"德才兼备、以德为首"的原则选用人才。才者，德之资也；德者，才之帅也，二者不可偏废。所谓德是指人的品德，即有没有社会责任感、事业心，对企业是否忠诚忠心，对工作是否兢兢业业；所谓才是指人的能力，在处理具体问题、解决具体矛盾、取得工作成绩和效果等方面是否具有突出的能力。在威利士，高学历并不是选用人才的唯一标准，我们更看重行为品德。

一、人才画像

招聘人才是企业人才战略的第一环节，是选优用优的重要手段，招人如果只关注工作经历、教育背景等外在因素，企业可能会错失很多潜在人才，也有可能会招错人。威利士在招聘工作中，根据岗位需求，将适合的人才特征以画像的形式描绘出来，从而有的放矢，更有针对性地开展招聘和培训工作。

构成威利士人才画像的基础元素通常有个人信息、工作信息、互联网职场背景等。在基础元素的基础上，还要加入用来丰富人才画像的元素，一般会包括：居住地、工作地点、爱好、家庭生活、婚育状况、财产状况、消费观、朋友圈、性格特质、个人语录等。在威利士的人才画像中，还有一个不可或缺的元素是员工对企业价值观的认同，同心者才能同力，如果应聘者不认可威利士的企业价值观，那么不管他多么优秀，他都不适合在威利士工作。

威利士通过人才画像，从多渠道、多层次、多视角了解和考察人才，从而全面了解一个人做过哪些工作、取得过什么成效、担负过什么职务，弄清一个人的经历、经验。这对于用人是有重要参考价值的。这样我们才能做到知人善用，经历和经验不同，个性和品行不同，我们就会合理安排不同的工作岗位，做到量才使用。

二、以德为主

在现实生活中，人们往往欣赏品行好、能力强的人。在工作中出现失误时，人们往往能够原谅一个品行很好但能力稍低的人，而不能原谅能力很强但人品很差的人。古人讲"先修身而后求能"，说的是品行对个人成长的重要性。没有良好的人品做底子，是干不了大事的。

威利士选人、用人以德为主，贯彻"有才有德，优先录用；有德无才，培养再用；有才无德，谨慎使用；无才无德，坚决不用"的选人原则。那么德的整体要求是什么呢？我们具体细化成下面四点。

第一，注重人的品行，就是要品行端正。你不会技术、不会业务，但只要你品行端正，正直无私，我们也会录用你，但是如果你品行有问题，就不会被录用。品行端正是做人的根本，一个人如果失去了根本，就不可能在社会立足，威利士绝对不会录用一个品行不端的人。

第二，选用有明确目标的人。目标是一个人前行的动力，假如一个人对工作没有明确的目标和追求，那么他的工作必然是混乱无章、停滞不前的。威利士提倡员工要有明确的目标，要有进取的积极心态，这样才能在工作中奋勇争先，把每一件事办得尽善尽美，这与威利士"专注把装饰事业做到极致"的使命是一致的。

第三，有耐心，有恒心。建筑装饰行业是一个需要耐心、恒心的行业，一个小工要想成为熟能生巧的老手，少不了数年的刻苦工作。吃不了苦，没有耐心，缺乏恒心的人，在这个行业是站不住脚的。威利士也是从小做起，坚持不懈，才有今天的规模，威利士人就是要有持久作战的恒心，有吃苦耐劳的耐心。

第四，善于学习，乐于学习。善于学习的人，有成长进步的潜力；乐于学习的人，有积极进取的动力。为了给威利士人提供优越的学习环境，我们花费了大量精力和资金建立了威利士大学，很多威利士人文化水平不高，但是他们很热爱学习，很多人进入威利士之后通过自学考取了注册建造师证书。

6.2 育人：把每位员工培养成"君子"

如果说选人是在众多玉料中挑选可供雕琢的璞玉，那么育人就是将璞玉打磨成精美绝伦的美玉。我们把人才从众多求职者中选出来，不能束之高阁，而是要充分发挥他们的能力。对于初进企业的员工，入职培训能让他们尽快融入新环境，了解新使命，适应新角色，实现新梦想。而对于老员工，培训能从各个方面对他们进行查漏补缺，同时宣贯企业的新思想、新政策，让他们把企业前景和目标融入自身的奋斗目标中来，实现自我成长和价值追求。所以，选人、育人工作同等重要，作为企业领导者，对待选人要慎重，对待育人要认真，坚持选用人才，培育人才，才能让企业持续发展。

在建筑装饰行业，人才素质高低对行业的影响程度已经越来越高了，威利士只有全面提升员工技能水平和职业素养，才能在日趋激烈的市场竞争中保持优势。威利士十分重视员工的培训，成立了威利士大学，制定了完善的培训制度，注重员工个人职业技能和心理道德素质的全面提升，致力于把每一位员工培养成有"正心""正念""正行"的正人君子。

一、多层次培训

威利士为了拓宽人才培养渠道，加快人才成长节奏，自企业建立初期就积极探索多元化人才赋能培训系统，搭建多层次人才培养框架。威利士的人才培训是自上而下、全员覆盖的，比如威利士的"两级培训"，一级培训就是先对企业高层和项目领导层进行培训，对项目进行全面的梳理和分析，同时对工程管理体系、安全施工管理、施工质量管理、工程资料管理、督查制度管理等进行系统的深化培训，然后才是二级培训，二级培训即有针对性地对瓦工、电工、水暖、涂料等不同工种的工作人员进行专业培训。这样的培训既有统一性，又有独特性，每一次培训都有助于企业员工实现技术上的精进和思想上的认同。

值得一提的是，在威利士打造精品项目的同时，安全施工培训和督查培训一直贯穿项目建设的始终，威利士牢牢把握施工安全底线和工程质量红线，通过不断的培训向员工灌输安全和质量的重要性，这是威利士成立至今未出现安全事故、工程质量高出同行的重要保证。

除此之外，威利士一直致力于打造基于岗位胜任能力的培训课程，以差异化的形式将人才培养体系进一步精细化、精准化、特色化，构建创新人才培训体系，因材施教，建立全员培训工作平台。威利士为高层管理人员设置"赢利模式"学习课程，帮助高层放开眼界，解放思想；为中层干部开发"教导模式"学习课程，强化中层干部的企业归属感、集体荣誉感；为员工开设"六星级心态"系列课程，在思想和认知上加强员工对威利士的认同，从而成为一个出类拔萃的优秀员工。

二、学习型组织

俗话说，活到老，学到老。不管在哪个企业，也不管在哪个岗位，我们要学的东西永远是没有止境的，我们只有慢慢去学习，积极运用到工作中去，才能不断自我精进，不断自我升华。一个人只有不断学习，才能成为优秀的个体；一个团队只有善于学习，才能成为创新高效的团队。学习是创新的基础，学习型组织是当前最科学最先进的团队学习管理模式，其核心就是不断学习、创新、超越。

为了把威利士打造成学习型组织，威利士主要从四个方面着手：一是建设学习平台，促进组织学习；二是制定学习激励制度，推动组织学习；三是打造多形式学习模式，提升学习积极性；四是开展知识竞赛，形成良好学习氛围。

（一）建设学习平台，促进组织学习

威利士的主要学习平台是威利士大学，威利士大学校长鲍金霞从大学建立起就一直致力于把威利士打造成学习型组织。在鲍校长的不懈努力下，威利士大学不断开发本部课程，加强基础课程建设，现在威利士本部的培训已经全部由威利士大学承办。另外，我们建立网络学习平台，为员工提供网络学习便利，使得他们可以参与晨会视频学习、读书会共享学习等网络课程。同时，威利士还与外部培训机构建立长期合作关系，建立委外培训平台，威利士经常会邀请外面的培训讲师和金牌教练前来讲课，极大地开阔了我们威利士人的文化视野，也学习到不同领域、不同业界成功者的心得感悟。

2021年7月10日，工程部组织并开展了项目培训学习会，所有参与项目的家人纷纷提前来到威利士大学，表现出了强烈的学习欲望。我们在提升各位家人专业水平的同时，倡导爱学习、多学习的学习氛围，公司高层对此类学习会尤为重视，董事长王衍兵、常务副总经理徐娟及各分公司负责人和主要管理人员均参加了此次学习。

此次学习会主要学习工程安全、质量、进度、资料管理等内容。老师们根据法规标准并结合项目实际展开教学。此次讲课的老师都有很丰富的专业知识和实践经验，从不同的视角来传授各自的经验及知识。在威利士，不以学历论英雄，我们看中的是一个人的德行和能力，授课老师也并没有特定的岗位规定，不是只有领导才可以上台讲课。通过互相传授、互相分享，才能从中汲取养分，才能不断提升管理水平和品质。

随后大家集体观看了李践老师的《时间管理》课程，通过线上录播学习的方式，从"读书、读人、读事、读自己"四个维度，与实际工作联系起来，有针对性地学习总结分享与改进计划。根据事情的重要程度、紧急状况，设定明确的目标，做到量化及有计划，把主要精力放在最重要的事情上。增强了大家的时间观念，提高紧迫感，最终提升工作效率！

常务副总经理徐娟对此次学习进行了总结，首先感谢四位老师带来的精彩分享，深信通过一天的学习，大家都会有一定的收获，希望所有项目部学到并做到，共同通过学习实现安全、质量、进度、资料管理的规范化和标准化。同时，通过学习李践老师的《时间管理》，深化今天的进度培训。对于项目管理来说，时间是第一要素，每一份可行性进度计划都是对业主的承诺，要把每个进度节点当作生命中的最后一天来重视，让每一个项目都成为标准化、可复制的项目，真正做到"把职业当事业，把使命当生命，让客户百分百满意"。

最后董事长王衍兵做了总结发言，首先感谢参训人员放弃休息时间来参加学习，更感谢老师们用心讲课，让我们为打造学习型企业而共同奋斗。今年我们所有人都要践行"务实求真"的工作精神，确保实现年初的目标；践行三大法宝——品质为王、系统复制、资源整合，做到事事有总结提升。要做到让时间有值，让思想走远，让自己存在，我们要敢于对事情较真，体现自己的价值，才能让我们自己活得有面子，让装饰行业因我们的存在更加受人尊敬。

（二）制定学习激励制度，推动组织学习

在威利士，只要你善于学习，学有所成，你就会得到应有的回报，这就是威利士的学习激励制度。凡是在威利士工作期间考取行业专业证书的，威利士按照制度均会发放一次性奖励，并每月进行学历补贴。对于即将晋升的人员，威利士会明确其必须学习的等级要求，如"赢利模式""教导模式"等系列课程，这样有利于深化他们的责任心和归属感。除了物质激励，威利士还会定期评选"优秀学习部门"和"优秀学员"，并将这些奖励纳入绩效考核范畴。一般来说，"优秀学员"就意味着他会成为当月的"最美奋斗者"。

（三）打造多形式学习模式，提升学习积极性

在很多人的印象里，培训就是上课，培训老师枯燥的讲解和呆板的教学让学习者苦不堪言，这样的培训形式收效甚微，甚至还会打击学习者的积极性。威利士为了规避这一现象，着力打造多形式学习模式，建立了师带徒、轮岗挂职、经验分享会、技术比武、内部案例库等多种学习模式。

在威利士的"四化建设"中有"企业学校化"的目标，就是要在日常工作中让所有员工都能很方便地学习，比如新进的项目部工人可以在施工过程中向老师傅学习"五步放线法"和施工安全细则。这样就把日常工作和培训学习有机结合，使威利士员工在工作中学习，在学习中工作，从而做到工作学习两不误。

（四）开展知识竞赛，形成良好学习氛围

为了确保培训落地，形成良好的学习氛围，在每次培训的最后，威利士还会开展别开生面的知识竞赛，这样既能检测培训成效，又能在员工中间构建竞争机制，使员工能认真参与培训，并且做到活学活用，现学现用。尤其是施工安全培训结束后，威利士一定要组织参训员工进行知识竞赛，确保培训的安全知识要点能被员工熟练掌握。除此以外，还有质量知识竞赛，威利士时刻以质量和安全为全公司工作重心，哪怕是培训，也会侧重开展以质量和安全为主题的培训。

三、教导模式

今天这个时代就是打明牌的时代，所有的牌都亮在桌上，技术牌、市场牌都放在明处，甚至共享，这时候除了你的战略构想，比拼的就是不同的企业精神和各自企业的价值观。资源可以枯竭，唯有文化可以生生不息！我们唯一的资产就是人，就是这些追随者头脑中所拥有的智慧，这就是华为的大森林、大油田，是我们的力量所在！

——华为董事长　任正非

正心

如果没有激情和渴望，没有灵魂和信仰，任何伟大的公司都不可能持续发展，未来只有一种企业能够存活下来，那就是拥有崇高事业理想、坚守客户价值、再造组织基因、塑造企业精神、不断推动企业持续盈利、基业长青的卓越组织。

——教导型组织理论创始人　侯志奎

教导模式课程被誉为"企业精神再造和文化落地第一课"，倡导以人为本，塑造企业灵魂，实现企业持续赢利、基业长青。威利士在教导模式落地的学习之路上，从未停止过脚步。近几年，威利士始终坚持做教导模式的推动者、践行者和传播者，并且持续不断地输送员工进入教导模式的课堂学习，鼓励员工回到课堂做教导员，深刻体会教导精神。通过教导赋能，威利士一路走来，取得了令人骄傲的成绩，威利士荣获"苏州市质量管理优秀奖""2021年度苏州市建筑装饰行业优秀企业""2018—2020年度苏州市文明单位""苏州市质量奖"等数不胜数的荣誉。作为教导模式的直接受益者，无论是企业取得的丰硕成果，还是我本人精神和认知方面的转变，无不完美诠释了教导模式震撼人心的力量。

威利士教导模式主要由三个模块组成，它倡导"正心、正念、正行"的价值观。其中，第一模块的"正心"，为情商管理，是让企业团队有更好的状态，更有激情；第二模块的"正念"，为思想管理，让企业团队更有事业心，更有使命感；第三模块的"正行"，是行为管理，让企业团队更有方法论，更有目标性。同时我们借鉴人类四大组织，即家庭、学校、军队和宗教，开展"四化"建设，推动增强企业团队的凝聚力、战斗力、学习力和持久力。

情商管理就是建立家文化，威利士在企业内部广泛开展感恩活动，设立感恩墙，在员工生日给亲属赠送礼物，让企业员工有归属感，从而增强企业凝聚力，让员工爱上企业。员工通过对自身的认知、控制、管理、自我激励和自我超越，以及对外部系统的认知与外部关系处理，增强个体在企业内部的灵活性与社会适应性，不断自我完善，最终与企业形成融洽的鱼水关系。

思想管理就是让员工明确企业使命、愿景和价值观，通过一些课程系统、体验、讲座、互动等方式让员工认同企业价值观。威利士借鉴军队的责任感、使命感、荣誉感教育，在学习和培训过程中，注重为员工建立强大的企业精神信仰，从而使得员工具有强大的事业心和使命感。即使没有企业制度的约束，员工也能自发地做出维护企业利益、有利于企业发展的行为。

行为管理就是在员工认同企业文化、企业价值观以后，对企业产生一种由内而外的认可和追随。威利士员工能把企业文化当作信仰，奉行企业的规章制度，以企业的前景为个人追求的方向，这样的员工不管投身什么领域都能有所建树。

四、快速复制人才

未来的竞争是团队的竞争，而团队竞争的核心是人才的竞争。企业领导者要把焦点和时间专注在人才队伍建设上，不仅要懂得选人，同时也要会育人，源源不断地进行人才复制，只有这样，企业才会不断发展。人才培养工作就是要解决企业从 1 到 10，再到 100、1000 的发展复制的问题，是支撑公司战略和运营指标落地的关键。威利士脚踏实地地建设"人才生产线"，建立了完善的人才复制模式，对员工进行标准化、程式化的锤炼与培养，为威利士制造源源不断的新鲜血液，确保威利士的长久持续发展。

很多人都知道华为是国内研发生产通信设备的巨头公司，殊不知，华为更是一家善于培养人才的公司。1997年，在《华为基本法》的起草过程中，起草小组的一位教授曾经问任正非："人才是不是华为的核心竞争力？"任正非的回答则出人意料："人才不是华为的核心竞争力，对人才进行管理的能力才是华为的核心竞争力。"

十年树木，百年树人。为了培养出能打胜仗的人才，华为采用"训战结合"的方法，"复制"前方的"将军"级人才。华为把那些业绩卓越的员工代表召集在一起，由他们来编教材、当老师，让最优秀的人来培养更优秀的人。这些老师把培训课堂当作"前敌作战指挥部"，带领学员进行实战学习。理论和方法教育固然重要，但从战争中学习战争才是关键。

华为针对员工能力提升和平台建设，训练了20多个战略预备队。有多种解决方案的预备队称为"重装旅"，大的原则是训战结合，战斗需要什么能力，就训练什么能力。所要训练的技术、能力是从战斗的角度来安排的，市场需要的场景、能力都按照战斗的需要来设置。战略预备队一般每年有两个星期的封闭式训练，其间，把受训者拉到全球各地进行分批训练。

威利士的管理层主要就是分总，分总是项目管理的核心人员，一个项目的品质高低，上限是由分总决定的。分总能力越强，项目品质就会越高，成本就会越低，这样才能把事做到极致。威利士的人才复制模式的目标就是不断高效打造优秀可靠的分总队伍，所有的分总必须是在威利士自身培育的土壤里成长起来的，一个刚跨入威利士大门的人才，不管他能力多强，我们都不会直接把他任命为分总。

威利士的人才复制模式主要有三个重点：学、管、教。"学"就是学习，重点是管理层和领导层的学习。威利士的项目都由分总负责，有时候几十个项目同时运作，只要其中的一个项目在某一方面做得优秀，威利士就会组织其他项目分总去共同学习，威利士坚持这种学和做相结合的方法，在实际工作中不断提升分总的实战能力和业务水平。"管"就是管理，中高层不仅要做好自我管理，还要管理好基层班组长和一线员工。分总是项目的负责人，他要管理好整个项目的人员，事无大小都要亲自管理，同时又要受企业高层领导的管理。威利士已经逐步淡化对分总的控制和管理，给予他们最大的权限，这就要求分总能严格管理自己，一个项目的成败可能就在他的一个决定中。"教"就是教育，我们不断提升对人才战略的认知，制定了课程标准，规范了学习课程，开发符合企业战略的专业课程，这样就可以培养出适应企业文化、对职能管控有序、对企业忠诚不移的人才。

6.3 用人：能者上，平者让，庸者下

一、用人观：能者上，平者让，庸者下

在企业的发展战略中，拥有一支能征善战、管理有序的团队是企业的巨大财富，是保证企业进步和发展的基础。对于优秀的人才，企业要重用，要让他们得到丰厚的薪酬，但对于已经落后的员工，企业也必须狠起来，让落后的员工有奋起直追的动力和行为。只有拥有一个健全的优胜劣汰机制，企业才能良好发展。

在谈到如何选人用人时，海尔集团首席执行官张瑞敏曾说过这样一句话："能者上，平者让，庸者下。"即让有能力的人担当要职；让能力一般的人让出重要的岗位，从事一般性工作；让能力平庸的人降低职务或者离开。

威利士在用人时，就特别重视"能者上，平者让，庸者下"的原则。无论员工是普通职员，还是项目组工人，只要威利士发现他们有真才实学，就会把他们放在合适的职位上，重用他们，使他们能够发挥聪明才智。每一年，威利士都会把优秀员工作为标杆，推出来让大家学习，对他们进行奖励，进行相应的提拔。与此同时，也会将庸才的职位进行调整或辞退，人数大概占总人数的5%，从而给新员工提供合

适的机会。

一个公司，就是一个小小的社会，"能者上、平者让、庸者下"的机制很好地体现了公司内部的公平竞争、共同成长。通过这种用人机制，威利士很好地调动了员工的积极性，提高了员工的工作效率。同时也让那些安于现状、不思进取的员工有压力感，让他们紧张起来，使他们不得不努力进取，否则，就要接受被淘汰的结果。

美国通用电气公司前CEO杰克·韦尔奇有一个"精英论"，他把全体员工分成三类，前面最好的占20%，中间业绩良好的占70%，最后面的占10%。前面20%的员工在公司里享受着物质上的奖赏，享受着精神上的赏识和尊重，因为他们是创造奇迹的人。失去这样一批员工，那是领导者最大的失职。最后那10%的人往往要面临淘汰出局的命运，淘汰或转变提升这10%的员工是通用每年必须做的事情。韦尔奇认为：只有这样，才能激发出全体员工的进取心和创造力，在这种氛围中，真正的精英才会产生，企业才会兴盛。

韦尔奇的"精英论"告诉我们，一定要学会给员工制造压力，让员工积极主动起来。对于有能力的员工应该尽可能发挥他们的作用，对于无德无才的员工必须果断淘汰。这与兵法上所讲的"求之于势，不责于人"的道理不谋而合。

在公平的竞争机制下，人人都会充满危机感，每个工作日都会成为他们奋发向上的拼搏日。到最后，留下来的都是斗志昂扬、能力出众、能为企业创造价值的员工。

二、双向晋升通道

威利士一直重视员工晋升通道的设计，因为设计好晋升通道，能够帮助威利士管理层更好地理清人才需求层次，能够培养多元化人才，能够建立人才梯队和干部储备，能够通过提拔员工的方式为员工创造价值提供更大的舞台。简单来说，设计晋升通道就是要让员工看到发展的希望，让员工的发展更有目标，知道自己可以在企业里面到底能够走到哪里，到底能够做成什么样子。

威利士采用双向晋升通道设计，就是专业通道和管理通道。比如像一些技术带头人，他可能不太想做管理工作，只想把技术做好就行了。那么，他可以通过专业通道获得晋升，就是走初级、中级、高级资深专家这样一个发展通道。如果说你是管理型人才，那么，你在一个部门可以做到部门主管，做到部门经理，然后再往上层走。

（一）专业通道

员工职业发展的第一个通道就是专业通道，当一个员工只专注于自己把事情做好，能够善于学习、积极实践，从而持续提升个人的能力时，我们为其打造了专业通道。将专业技术水平设置若干等级，比如专业技术分为五级，分别为五级初级技工、四级中级技工、三级高级技工、二级技师（专家）、一级高级技师（高级专家）。

对于不同专业等级，明确制定相应的标准，区别不同等级应当具备的知识多寡、技术能力高低。根据专业技术的熟练程度，可分为五种情况：了解、理解、掌握、精通、非常精通。其中五级、四级、三级是作为技工层面的；二级和一级则成为技师（专家）、高级技师（高级专家）。

当员工的学历、工龄和能力符合升级的要求之时，我们会组织对其进行相应的应知应会知识技能测试，合格者将予以技术等级晋升。对于技师及以上等级的考核，除了应知应会的基本技能之外，还需进行程序设计、论文撰写和答辩。

（二）管理通道

员工职业发展的第二个通道是管理通道，一般设置至少五个等级：专员、主管、经理（总监）、副总、总经理。

对于管理者的进修，专业技术只是基础，不作为重点考核内容。管理者侧重于带团队，实现团队目标。每次管理职务的提升，所面临的是管理幅度扩大、职责的加大，以及管理水平的提升。不同的组织规模，管理的侧重点是不同的。人治管理，强调领导者的个人魅力，以及人际关系。法治管理，注重建章立制，梳理和优化流程，借助各类管理流程和表单将管理落地。文治管理，通过文件、报表和各种会议层层负责，注重系统化、流程化、标准化和信息化。

任正非非常重视员工的发展和职业生涯规划，希望能快速提升员工的工作能力。华为是中国第一个引入"五级双通道"任职资格体系的企业，让员工明确知道自己职业发展的上行通道。即先梳理出"管理"和"专业"两个基本通道，再按照岗位划分的原则，将专业通道进行细分，衍生出技术、营销、服务与支持、采购、生产、财务、人力资源等子通道。这些专业通道从纵向按职业能力再划分出几类岗位，如技术通道由助理工程师、工程师、高级工程师、技术专家、资深技术专家五类岗位构成。管理通道则分为监督者（三级）、管理者（四级）和领导者（五级）。

在这个模型中，每个员工都可以根据自身特长和意愿，选择向管理方向或技术通道方向发展。两条通道的资格要求不同，技术过硬但领导或管理能力相对欠缺的员工，可选择在技术通道方向发展，一旦成长为资深技术专家，即使不担任管理岗位，也可以享受公司副总裁级的待遇，并有权调动相关资源。这在华为称为"有职、有权、有责"，企业也得以保留一批具有丰富经验的技术人才。很多员工还可以选择从两个通道上分别进行认证，企业采取"就高不就低"的原则来确定员工的职级待遇。

6.4 留人：精神+物质双重激励

很多企业领导者会遇到"留人难"的困境，通过千挑万选好不容易招了几个满意的人才，费尽心思把他们培养成可以独当一面的能人时，他却因为各种原因跳槽了，这样企业白白浪费了一番苦心和资源，结果竹篮打水一场空。

钢铁大王安德鲁·卡内基说："带走我的员工，把我的工厂留下，不久后工厂就会长满杂草；拿走我的工厂，把我的员工留下，不久后我们还会有个更好的工厂。"由此可见，留住优秀人才是企业的立足之本，因为人才是企业发展的重要助力，是企业实现可持续发展的必要条件。

威利士早年发展时候，人员流动很强，许多员工尤其是一线工人受不了项目工地的劳累之苦，对此我也只能徒呼无奈。随着企业的发展壮大，我不断摸索留住人才的方式，根据威利士的人才战略，建立了切实可行的激励计划和薪酬制度。同时，我们不断建设企业文化，不断鼓励员工，让员工在工作中不断获得成就感，加强员工与威利士的关联度，提升员工生活中的幸福感，设身处地为员工提供优渥的生活条件和工作环境。这一系列组合拳有效地加强了员工管理，让员工对威利士产生认同感，很好地解决了留人难的问题。

正心

一、员工成就感

从威利士员工入职开始,我们都会在大会上进行隆重的欢迎仪式,妥善办理各种入职手续,第一时间安排工位,发放工牌、薪酬卡等,然后进行统一的入职培训,给员工做出完善的职业规划及岗位晋升路线。这样就让员工从入职开始就对威利士的企业文化产生认同感,自豪地参与到企业的发展建设中去。

威利士在工作中使用包产责任制,这样就能把大目标分解成一个一个的小目标,比如在项目工地上,水电工只要把水电的工作做好了,项目分总就会给予应有的奖励,哪怕这个项目因为其他原因被督查官驳回整改,水电工班组对这些不用负责。这样员工就很容易获得成就感,他只要把自己的工作做到极致,自然就会受到领导的赏识和赞誉。

验收结束后,威利士还会拜访甲方,如果甲方对项目建设中某一个方面十分满意,专门给予表扬,我们也会把这些表扬信息反馈给项目组,同时以庆功宴的方式进行嘉奖。在庆功宴上,我们会要求被表扬的员工现场分享自己的心得和感想。

通过企业文化熏陶、部门领导夸赞、甲方满意反馈等一系列措施,每一个把工作做到极致的员工都会在工作中获得满满的成就感,这种成就感激励着员工们继续努力,在接下来的工作中做到更好。

二、物质激励

钱,是生存之需,是一个职场人最直观的价值体现,只想员工做事,不给员工与劳动量相匹配的报酬,这样的企业是留不住人才的。

威利士建立动态的薪酬管理制度，只要员工努力付出，他获得的报酬一定会高出同行。

威利士的基本工薪是高出行业薪酬平均水平的，但这并不代表威利士的员工就可以不思进取了。威利士采用科学的绩效管理，比如你的绩效标准是 2000 元，我们都会有 30% 的上浮，你低于这个标准，那么你的薪酬就会低于预期。同时，威利士执行每年加薪政策，不论新老员工，威利士每年会根据企业整体状况进行薪酬调整，哪怕是在疫情期间，我们的业务受到了不小的冲击，但我们坚持调薪。

除了高薪酬和每年加薪，威利士对员工的奖励也是十分丰厚的。我们每月会评选优秀员工、最美奋斗者等，每年会评选优秀团队、年度优秀个人等，对这些人员我们都会进行奖励。威利士 20 周年庆典时，我们就进行了颁奖，全公司的优秀人才汇聚一堂，每个优秀标杆人物轮番登场，展示了威利士昂扬向上的精神风貌，给所有威利士家人留下了令人难忘的印象。

三、精神激励

员工永远不会觉得自己的薪酬高，在物质激励之外，能让员工体会更深刻的是职业荣誉感，比如企业的社会地位、品牌效应、培训管理体系、岗位职级以及个人荣誉。这些软性的文化及精神激励，是薪酬的良好补充。

威利士注重员工的精神激励，在威利士有一个"一同付出、一同成长"的荣誉墙。每个月，在学习方面或者是工作方面比较优秀的员工，由部门领导评定上报，再由办公室主任进行审核，然后在员工大会上进行表彰，表彰的时候发放奖牌，让员工的照片和优秀事迹上墙展示，让所有人去学习。威利士还会把优秀人物受到的表彰和事迹通过微信公众号发布，在威利士内部广泛宣传，动员大家去学习。

除了表彰上墙，我们还组织优秀员工外出学习和旅游。这些学习和旅游所需的费用全部由威利士承担，不仅给员工提供良好的学习条件，也有利于优秀员工放松身心，在工作时用心工作，在玩乐时开心游玩。比如我们去井冈山，包括核心高管、分总、优秀员工一共几十人，在开展培训时都穿着红军的军装，切身体会红色精神，加强企业精神文化建设。

6.5　干部要有"里子"和"面子",才能成就"位子"

企业干部作为企业的组织者和领导者,对企业的发展起着重要的作用。企业干部的能力、素质决定着企业的发展方向,不仅是企业软实力的体现,更是企业长期发展的可靠保障。一支具有规则意识、专业能力和创新精神的干部队伍,才能发挥好带头作用,带领企业在更为广阔的市场竞争中争取胜利,为企业的生存和发展创造机遇,从而确保企业能够健康、持续地发展。

在企业发展的整个过程中,干部管理工作是企业管理中的关键内容。威利士对待干部可谓严苛,在管理上严格要求,从干部选用、提拔晋升、经验传承等方面,形成了科学的干部管理制度,从而保证了威利士的干部作风优良、技艺精良,带领威利士快速发展、健康发展、持续发展。

一、干部选用:德才兼备

干部必须要具有比普通员工更高的思想道德素养,有更高的思想境界,有敢于担当、勇于负责的精神;现代企业的经营日益复杂,还要求干部具有良好的专业知识水平和学习能力,能较快适应工作环境的变化，并能够正确决策，在实际工作中起到凝聚人、带好头的作用。

威利士在选用干部时遵循"德才兼备、优中选优"的原则。比如耿总，他原来是威利士的一名驾驶员，但是他为人踏实、工作勤快，在工作过程中，耿总不断学习充实自己，在做驾驶员的时候就努力学习管理知识。后来被管理层发现了他的能力，任命为经理秘书，经过几年的成长历练，他后来成了市场部经理。威利士选用人才从来不只看重学历和工作经历，只要品德端正，处事公正，有优秀的能力，我们就一定不会让他埋没。

二、干部晋升：内部选拔

威利士在选拔中高级管理干部时，只从内部选拔。刚进入威利士的员工，哪怕工作经验再丰富，履历再耀眼，我们也只会放在一线部门重用，而不会直接提拔到管理层。威利士内部培养的人才对威利士的核心价值观和企业文化的理解更深刻，更有利于企业核心价值观的传播和传承，同时也能保证威利士人才内部培养和人才储备有序进行，确保选才用人时掌握主动权。

三、干部传承：言传身教

我常在公司干部大会上强调干部要有"里子"和"面子"，才能成就"位子"。"里子"就是每一位管理者要有过硬的专业技术，假如你是一个分总，去项目工地检查，你连"五步放线法"的基本步骤都不会，那么你到了现场也只能是干瞪眼，既查不出问题，也看不到优点，这样的分总就没有必要待在这个岗位上了。一个项目交给分总去负责，如果分总连基本的项目建设思路都没有，这对整个项目甚至整个企业来说都是可怕的，一个项目就能让威利士名誉扫地。"面子"就是每一位管理者都要时刻以威利士人的身份要求自己，在生活和工作中都要保持积极向上的心态。每一位分总都会出去应酬，我常说贪杯误事，就是要求他们在应酬中能善谈少饮，你一个人醉酒不要紧，丢的却是整个威利士的脸面。

管理干部光自身素质过硬还不够，还要能言传身教，对后备人才和员工要能做好传帮带。每一位分总就是一位导师，那么他就要带领手下的所有员工，认真学习威利士的企业文化、企业制度、施工标准，要让每一个员工都能学有所成，学有所用。等有一天他被晋升提拔，要立即能从自己的团队中推荐一位和他能力相当的人。

2015年，我们参与了苏州工业园区的新建儿童医院项目。在工程现场，我们有一个员工刮腻子的手法和做法达不到公司的验收标准，我们给这名员工做过施工培训，但他的手法还是有点问题。王董带着高管和我们工程部人员一起去现场督查，王董发现了这个问题，他就口头教了一下这位员工，发现他的手法还是不对。王董就拿起刮刀，亲手在现场调腻子粉，边调边告诉员工原料比例和要调多长时间。调好以后，王董就把腻子仔细地刮到墙上，同时告诉那位员工怎么刮，板子要什么角度，怎么去刮墙。王董示范得很细致，讲解得很深入，让那位员工深受感动，他接手去做，开始还不熟练，但慢慢就达标了。

还有一次我跟王董去市里拜访一个客户，因为是旧城区，我们很难找到停车位，所以车子停得比较远。停车之后，我跟王董拿好公文包，带好资料，准备拜访客户，但是当我们走到客户公司大门口的时候，王董突然转身就往回走，我忙问王董是不是忘了什么东西，王董说没有。我们一直走回停车点，王董把车门打开，做了一件让我至今都十分感动和震动的事情。王董把车门打开，估计鞋上有一点灰尘，他把皮鞋擦了一下，然后重新回去拜访客户。

作为一名企业高层管理人员，可以低下身子来亲自教员工做基本的工作，时刻以身作则，跟着这样的领导，谁都会觉得是一种荣幸。

——摘自徐娟访谈内容

6.6 持续的力量将"平凡"变为"非凡"

一家企业,永葆基业长青的秘诀在于努力奋发、知恩感恩、责任担当。对内,要让员工认同、敬重、热爱,培养员工的自觉性,通过自我价值的实现让员工有更多成就感;对外,要形成核心竞争力,对行业有推动力,推动社会的发展进步。威利士就是这样一家内外皆品、有温度、有魄力、厚植行业情怀的企业。

一人报薪,难燃星火;众人负薪,可以燎原。威利士能有今天的成就,绝对不是我一个人就能做到的,这离不开成百上千的威利士人一起努力。罗马不是一夜筑成,威利士经历 20 多年的风风雨雨,从小做起,从点滴做起,脚踏实地,久久为功,才能在"平凡"中铸就"非凡",这与我们的"士而不惧"的精神内核、奋斗不息的拼搏精神是分不开的。在整个发展过程中,威利士知恩感恩,时刻牢记使命,恪守初心,一直在为推动建筑装饰行业发展贡献着自己的绵薄之力。

一、士而不惧

近年来,由于受到疫情的影响,威利士的经营和发展受到了不小的冲击。但越是困难时,越显英雄胆,威利士本着士而不惧的勇气,以披荆斩棘的坚强毅力，直面困难和挑战，不断在困境中超越。

2021年12月5日，宁波市镇海区发现一例新冠病毒核酸检测阳性人员。对于威利士来说，形势相当严峻，因为在建项目"甬江实验室"就位于宁波市镇海区，为了保证每一位员工的生命安全，我们立即停工。虽然暂停了工程进度，但是我们威利士人的脚步丝毫没有停下，充分利用这段时间做好全面的检查工作，进行查漏补缺。不管是现场的工地环境还是现场资料都认真核查，仔细检测，不放过任何一个细节，将任何事情都做到极致！

在疫情期间，我们督促指导各项目部筑牢疫情防控的安全屏障，做到"宁可十防九空，不可失防万一"，在切实保障施工人员生命健康安全的前提下，确保在建工程稳步推进。威利士人坚持"疫情就是命令，防控就是责任"的指导思想，无论遇到任何困难，威利士人都坚决守住"做一家受人尊敬的企业"的方向，不忘初心，砥砺前行！

二、不懈拼搏

经过20多年的成长积淀，特别是近年来的努力，威利士怀着"长风破浪会有时"的果决信念，砥砺奋发，拼搏不止，我们在强基固本的道路上不断迈进，不断在建筑装饰行业创造着令人骄傲的战绩。

通过打造项目管理、项目督查等核心能力，不断提升工程项目质量；通过系统推进整体改革，紧扣各项资源完备、企业管理体系完善、考核激励效果提升，威利士规划理念和战略路径日益明晰，顶层设计和制度框架趋于完善；通过企业文化引领，激发员工干事创业的热情，汇聚起推动高质量发展的坚强力量。

威利士秉承"建设匠心工程、筑造百年品牌"的使命，坚定不移抓好项目质量，优化管理体系，增强创新能力，聚焦低成本管理、高品质竞争，主动对标行业先进，全面提升施工生产能力。我们坚信，在我们的不懈努力下，威利士一定会站在行业前列。

三、知恩感恩

当企业懂得感恩，当员工领悟到感恩，当自上而下将感恩二字诠释得淋漓尽致，对于企业和社会，都是一份向上的能量，散发着积极阳光的感染力。

威利士常怀感恩，既感恩员工，更感恩客户。感恩员工对公司的无私奉献，相信公司、相信团队，追求同一个目标与梦想。威利士把员工当作家人，每一位员工都是威利士家人，威利士都会去关心培养，帮助他们进步和成长。

威利士还感恩客户的充分信任，因为这份信任，威利士人专注把装饰事业做到极致。当我们看到威利士人在每个项目工地上汗如雨下，反复优化施工流程和施工工艺，尽心竭力为客户提供满意服务，这都是深怀感恩的表现，以极致工程去回报客户的信任。

四、行业传承

当前，建筑装饰行业仍有问题出现，或与工程品质有关，或与服务态度有关，或与客户要求不高有关，但威利士从不松懈对品质和服务的追求。威利士深入贯彻新时代"产品＋服务"的发展战略，一手

正心

抓品质，一手抓服务，提升员工职业素养，培训员工职业技能，提升服务意识，强化服务质量，为行业交上一份满意的答卷。

  唯有行业变得更好，企业才有更长远的未来。威利士敢于肩负起建筑装饰行业的责任担当，以自身的行为去影响、带动建筑装饰行业规范化、标准化发展，做对建筑装饰行业有利的事情，做建筑装饰行业的领头羊和传承者。

第七章

文化兴企：让企业文化融入员工行为

在中国特色社会主义进入新时代，我国社会经济由高速发展转变为高质量发展的时代背景下，现代企业文化战略作为企业整体发展战略的重要组成部分，在企业管理中变得更加重要，是现代全球知名企业最具价值的核心竞争力。我们要培育具有全球竞争力的世界一流企业，必须凝聚起具有中国特色的企业文化，西为中用、古为今用、海纳百川、优势互补，融合突破，形成独具特色的现代企业文化体系，大力实施现代企业文化战略。

中华民族五千年历史的文化积淀，是祖先观天地之运势、晓世势之变迁、品人间之百味的结晶，推动着中华民族在时代中领跑，在苦难中崛起，在逆境中拼搏。根植在传统文化基因中的现代企业，离开这个根，企业文化建设就是无源之水、无本之木。

习近平总书记强调："深入挖掘中华优秀传统文化蕴含的思想观念、人文精神、道德规范，结合时代要求创新，让中华文化展现永久魅力和时代风采。"企业是新时代"做强做优做大"的践行者，要实施企业文化战略，就要以传统文化为根脉，将现代化企业文化理念与企业实际与时俱进、因地制宜融合，凝聚有中国特色的现代企业文化。

海尔集团的企业文化就是一种比较有代表性的东方文化。海尔文化是对国内外优秀文化的充分借鉴、改造、创新的成果，是具有典型传统文化特色的中国式管理。张瑞敏"人单合一"理念衍生出的"三心换一心""上下同欲者胜""赛马不相马"等理念的实质，就是"仁人为本"的传统文化和现代信息技术及管理知识的高度融合，颠覆了传统意义上企业、员工和用户三者之间的关系，将三者构建成了一个"仁人为本"的社会关系，倒逼企业内部机制的变革。这种传统文化和现代文化的融合，助推海尔不断发展壮大，在国际竞争中创造了一个又一个海尔奇迹，是实施现代企业文化战略的一个标杆典范。

华为的狼性文化是物质文化和精神文化的融合统一，迸发了不断追求卓越、不断追求创新的强大力量。任正非认为，竞争之路是一条血路，企业经营要警惕所谓的"老虎文化"，再强大的老虎也招架不住一群狼的攻击，狼的生存之道就是企业的立身发展之道。狼性敏锐，总能嗅到市场的最新动态；狼性"贪婪"，要生存就要竞争，不达目的不罢休；狼性团结，在生存中造就"群狼"的精神图腾；狼性进取，群狼捕猎是以围猎更多猎物为目的。华为公司将狼性文化发挥到了极致，以高度团结的团队精神，在竞争中不断追求卓越和创新，百折不挠，披荆斩棘，在强手如林的国际竞争中，闯出一片广阔的天地，成为通信设备行业的翘楚和民族品牌的骄傲。

翻开威利士的企业文化战略规划，可以看到二十几年来，每一个目标的实现都离不开循序渐进的文化建设，同时威利士也逐渐形成了自己的特色文化，坚持文化治企、文化兴企、文化强企，企业文化不仅是代代相传的精神财富，更是为企业的跨越发展提供新视野、注入新活力的力量源泉。威利士的"文化之树"沐浴着文化大发展的新风潮，根植于文化大繁荣的肥沃土壤，紧贴着盛世中国跃动有力的脉搏，在打造中国一流建筑装饰企业的征程上，绽放新花朵，结出新硕果。

7.1 学习文化：
把农民工培养成受人尊敬的建筑产业工人

社会的进步和企业的发展，涉及很多方面的因素，其中最为重要的因素是人。社会的进步是人类进步的缩影，企业的发展是员工成长的缩影。如果我们能把握住人类进步的方向，引领员工的成长，我们就能够跟随社会进步的方向，引领企业的发展。人类之所以能不断进步，其中一个重要的原因就是人类具有学习意识。知识是人类进步的阶梯，每个人的成长都离不开学习，而影响学习最重要的因素是树立学习意识。

企业要不断提高员工的学习意识，增强企业的向心力、凝聚力和创造力。只有这样也才能建立稳定的员工队伍，让员工和企业共同成长，形成统一的整体，同时让员工在工作中发挥出创造性，体现出奉献精神，从而推动企业不断发展壮大。威利士坚持以学习促进发展，以学习带动工作，充分把学习文化贯彻到整个企业。

威利士主动承担起教育和培养建筑装饰行业人才的重任，主动作为，全心全意为建筑装饰行业服务，力求让每一名威利士员工成为受人尊敬的建筑产业工人。为建筑装饰产业员工成长成才搭建平台、创造条件，通过开展多种形式、多种层次的职业技能培训，带动建筑行业培养和发现更多知识型、技能型、复合型人才；着力推动企业创新工作室建设，发挥建筑工匠、劳动模范的骨干带头作用，引导广大员工学习劳模、争当工匠，让越来越多的建筑装饰工匠脱颖而出，成为行业发展的排头兵、领头雁。

一、基本技能学习

早些年间，在工地参与施工的都是从异乡到城市打工的农村人，这些人没有高学历，流动性较大，游走于各个工地之间，哪里有活就去哪里。他们往往也无法做一些技术含量较高的工作，所谓的"师傅"在带他们入行时往往会有所保留，甚至连"师傅"自己都可能不知道正确、规范的施工步骤。

这些人员是建筑装饰行业发展的坚实动力，是将一切图纸落到实处的关键。因流动性大，大多数建筑行业从业人员对技能培养和提升的积极性普遍不高，提高这些人员的整体素质，是提高威利士工程质量的重要保障。

在其他企业还未意识到这一点时，威利士便开始组织这些工人进行培训，重视建筑工匠的培养和成长，形成有利于自我发展的良好环境和人才基础，促进新时期建筑产业工人主动提升技能，建造高品质建筑工程。

建筑装饰行业员工培训的难度极大，虽然工人自身是愿意通过学习来提高自身素养的，有些工人经常放弃重体力劳动下宝贵的午休时间前来学习，但客观情况是这些工人对知识的理解和吸收能力还有待加强，甚至有些工人根本不识字。

但威利士坚持下来，按照《威利士典籍（施工工艺篇）》中对于每一项施工工艺的要求，对工人进行培训并考核，力求让这些工人掌握正确而规范的施工工艺，依托施工现场，采取学做结合、现场教学、以老带新等方式，为员工开展多种形式的岗前培训和技能提升培训，让工地项目成为建筑工匠的孵化器和练兵场。

以威利士独创的"五步放线法"为例，威利士首先向工人阐明五步放线施工法的定义和目的，然后教授他们五步放线的具体步骤，第一步该如何做，第二步该如何做，一步一步，口传手授，直至工人掌握这一施工工艺。当施工人员能够按照质量标准一步一步践行时，高品质的工程便有了达成的基础。

威利士每次技能培训完都会组织考试。有一次培训完之后开始考试，一位年纪较大的员工一直拿着卷子看，但始终没动笔，监考人员看到这种情况，就去问他为什么不做卷子？本来以为是我们出的卷子拿错了，结果他说了一句"我不认识字"。这让我们当时非常感动，一个目不识丁的员工，为了提升自己，不辞辛苦来参加我们的培训，从头到尾认真积极，却没有告诉我们他一个字也不认识。为了帮他答题，工程督导就坐在他身边，一道道题、一个个字读给他听，然后由他选出答案，这样做出来之后，他的成绩居然挺好。

这件事其实很小，但是我每次回忆起来都会体会到感动，一名不识字的员工，知道自己在工地上做得不够好，为了提升自己的技术水平，能放弃自己的休息时间，积极主动参加培训。正是因为威利士拥有这么一群热爱学习的员工，才能不断打磨出一个个精品工程，在行业内享有盛誉。

二、读书会

"人非生而知，而是学而知。"每个人出生的时候都是一张白纸，只有通过不断学习，建立起知识结构、社会关系，才能让自己的知识和经验变得更加丰富。通过学习，可以树立更加科学的世界观、人生观和价值观，可以提高在工作生活中思考、实践和竞争的能力，从而完善自我。交流是人与人之间实现信息共享和沟通的过程，它无处不在，是双向互动的。交流沟通，是为了实现设定的目标，把信息和思想在个人和群体之间传递，并最终达成共同认识。

企业文化是一个企业的血脉和灵魂，是推动企业发展的不竭动力。员工对企业文化的认同感，是企业员工精神动力的来源和践行职业道德的思想保证。威利士的读书会就是为促进员工学习和交流企业文化而创建的学习平台。自2015年11月以来，威利士装饰读书学习分享会已经走过了七年，自从有了读书会这个平台，威利士家人收获了成长的喜悦。通过同样的一本书或是一个问题，每个人可以从不同的角度展开分析与讨论，结合自己的岗位特点和以往经历，可以碰撞出不同的思想火花，然后将自己的所学所悟分享给他人，实现同学习、共成长。

从原先的每两个月一期读书学习分享会，到后来的每月第二周的周六上午固定进行学习分享会，再到后来的每人每月两本书，一本是部门主管精选，一本是总经理精选，做到强针对、利成长。威利士一直在践行"学习改变命运，知识创造未来"的成长思维，学问是智慧的泉源，品德乃事业的根本，百乐无如读书，至要莫如教子，鱼离水则身亡，人离书则神索。

2020年威利士创新性地依靠网络，创建了"威利士众智共享读书会"，通过线上直播辅导和线下会议跟踪指导相结合的方式，帮助企业快速建立一套系统化、专业化、流程化、高效运转的众智共享管理系统。通过"读书、读人、读事"的阅读模式，建立团队内部有针对性的实效学习系统，再造组织的创新能力，升华团队价值观，提升全员的业务能力。

蒯亚强【团队协作的五大障碍】学习分享：团队协作的五大障碍分别是缺乏信任、惧怕冲突、欠缺投入、逃避责任和无视结果，而其中的每一项对团队成长来说都是致命的，作为团队领导者要做到避免产生如上障碍，设定和公布工作目标，并公开承诺目标和成果，定期组织团队回顾工作成果，做得好的要持续发扬，需要改进的要着重辅助提升，把个人的工作目标与绩效挂钩，把对个人的奖励转为团队成果奖励，使其产生积极效应，杜绝逃避责任。

徐保勇【可怕的盲从】学习分享：在你遇到任何事情时，都先别急着行动，首先要仔细分析自己的优缺点，凡事要做到三思而后行，切忌冲动行事，一味的盲从，最后换来的肯定是失败。在工作中要实事求是，从实际出发，不盲从不武断，不管是服从领导（代理状态），还是坚持自己的主见（自主状态），都要为自己的行为承担责任。

徐乐微【极限团队】学习分享：要理清思路找准目标，不要把时间浪费在无意义的事情上，专注于重要的工作，留出足够多的精力去研究创新，使自己的工作效率更高。鼓励员工从各个角度向团队奉献自己的行动和智慧，然后团队再把这些行动和智慧凝结成可交付的成果。

李士林【自控力】学习分享：我们想要掌控自控力，就必须先要认知自控力，每个人的身体里都住着两个"自我"，正如天使与魔鬼并存一般，常常让我们陷入失衡的煎熬。我们必须先接受这样的存在，然后认清自我的需求，认清冲动和理智时候的需求，做任何事都不要轻易给自己找借口，学会控制自己的情绪，做到三思而后行，只有这样，我们才能真正利用自控力去解决自身生活中所遇到的困难。

刘芳【拆掉思维的墙】学习分享：任何因于现状无法突破或者试图追求更大成功的人，都应该保持一定的学习力，只有通过不断的学习才有助于改变习以为常的思维定式，推倒束缚自我的思维之墙，才有机会发现改变命运的钥匙。作为一名公司职工，要保持空杯心态，拓宽自己的眼界，多做多想多学习，丰富自己的内心世界，提高自己的执行力和工作能力。

——威利士部分家人读书会学习分享

三、威利士大学

一个企业想要立于不败之地，落脚点必须放在自身的组织能力持续提升上，而组织能力的提升需要持续不断的学习。学习型组织的概念离今天的企业实践越来越近，未来所有的企业都会是学习型组织。学习活动从以往的辅助支撑功能上升到战略层面，成为战略活动。在这样的背景下，培训工作需要重新定义和升级，"威利士大学"就是在这种需求推动下的必然产物。

威利士大学组建于2015年，在组建之初，很多员工甚至是高层管理者都不理解。作为一个建筑装饰企业，大多数员工是学历不高、思想滞后的农村人,他们的见识面窄、知识匮乏,有没有必要组建一所"大学"专门用来内部培训?我对他们说,我们员工的基本情况确实不容乐观,但正因为如此,我们才要更加认真地对待培训好基层员工这件事。只要他们走进威利士大学,通过我们的培训,在工地上能少吐一口痰,少抽一根烟,在实际工作中有一点点改变,我就觉得建立威利士大学是必要的。

本着这样的初衷,威利士大学不断致力于打造学习型组织,下大力培养初入威利士专业基础不强的员工群体,让其具备建筑装饰行业所需的职业素养、专业技能,满足企业的用工需求。同时,威利士大学还是我们内部学习交流的平台,通过对威利士员工的培训和思想灌输,威利士大学让每一位员工熟知企业文化,在最短的时间内成长为可以独当一面的尖兵。

威利士大学助力实现企业学校化、领导导师化,最终使每位威利士人都成为能做善讲的老师。在威利士,不以学历论英雄,而注重一个人的德行和能力,授课老师也并没有特定的岗位规定,不是只有领导才可以上台讲课,通过互相传授、互相分享,大家才能从中汲取养分,才能不断提升管理品质。不积跬步,无以至千里;不积小流,无以成江海。所以,我们要抓住当下,只有不断学习才能达成目标。

学习和创新是永恒的话题。威利士大学的成立,既是对威利士企业文化的有力传承,更让未来充满期许。站在新的历史起点,我们需要以更加超前的眼光,更加强有力的举措,为组织赋能,为人才赋能,推动威利士不断朝着高质量的发展目标前进。服务企业发展大局,是设立企业大学的初衷和使命;引领广大干部员工成长成才,是企业大学的立身之本。

以学习为起点，唯创新不止步。下一步威利士大学要凝聚起全企业的专家智慧，打造成为内部专业知识、管理思维、文化传播的阵地，升级为组织变革的引擎、客户连接的纽带、创新孵化的熔炉，向外输出管理文化和品牌文化，成为企业核心竞争力的重要组成部分。

为进一步加强企业内部管理，提高整体业务水平，完善知识系统，提升管理水平，2022年7月30日上午，我们在威利士大学召开了以信用分为主题的内部培训会议。董事长王衍兵、常务副总经理徐娟出席本次培训会议，项目部全体管理人员参加本次培训。

今天课程的主讲老师为威利士项目总监周伏明，他虽然是"80后"，但是具有非常丰富的工作经验，对工程项目整个管理过程都了如指掌。为做好此次培训，他精心编写课件教案，一遍又一遍地修改，一遍又一遍地精进，确保最后呈现给大家的一定是最完美的。他的课程内容分为四个部分：文件解读和宣贯、信用分架构、现状调查、葵花宝典，他结合亲身经验，并辅以经典做法案例，将理论知识和实践经验相结合，对过程管理进行了深入浅出的讲解，授课生动有趣，具有很强的实操性，使大家从中学到很多"少走弯路"的经验方法，培训过程中始终充满务实而融洽的气氛。

本次培训共计四个小时，虽然时间较长，但是丝毫不影响大家学习的热情，每个人都在培训过程中做好笔记，将要点全部记录下来，回去一一落地，全面展示了我们威利士人对于知识的渴望以及学习的热情，正是有了这份热情，才能把我们的项目品质做到极致。

此次培训遵循"以考促训"的总体原则，用考试的方式反馈学习成果，使得大家在学习过程中更加认真、更加卖力，进一步巩固培训成效。将传统建筑工匠精神与威利士"诚信、创新"的价值观相结合，重塑精益求精的新时期建筑工匠精神，不断增强信用分的意识，并使其内化于心、外化于行。最后，通过今天的考试，周艺带领的项目部获得了第一名，值得我们所有家人给他们点赞。

　　通过此次培训及梳理，进一步加强了员工对企业信用分的了解，也让他们认识到信用分的重要性，为落实项目管理制度化、标准化、流程化、合规化要求奠定了良好基础，切实打通提升信用分过程中的痛点、难点、堵点，对进一步加强公司工程项目建设管理、规范业务流程等起到积极的作用。一群人、一条心、一辈子，让我们一起朝着美好的明天共同奋斗，在威利士的舞台上展现自己的价值，真正把装饰事业做到极致！

——威利士大学培训纪实

7.2 自省文化：闲谈莫论人非，静坐常思己过

中国有句老话："以责人之心责己，以恕己之心恕人。"自省，是严于律己、宽以待人的修养。我们很难自己主动承认错误，常常会把错误归咎于他人，自己犯错后却总是为自己开脱，所以懂得自省是一种难得的修养。

自省的第一前提，就是要勇于认错，每个人都会有错误和缺点，有了错误，主动接受批评和自我批评，才能不断完善自己、升华自己。一个具备反省能力的人一定是能够对自己提出严格要求的人。他们总是寻找自己的不足，力求改正这些错误；他们总是能够虚心听取别人的意见，从别人的批评中汲取营养，使自己变得更加完善。

英国著名小说家狄更斯的作品是非常出色的。他的主要作品《匹克威克外传》《雾都孤儿》《双城记》《老古玩店》《艰难时世》《我们共同的朋友》等，均受到了读者的热烈追捧，而他的成功秘诀便是自省。

在写作的过程中，狄更斯对自己有一个要求，那就是：没有认真检查过的内容，绝不轻易拿给公众看。每天，他都会把写好的内容读一遍，每天去发现问题，然后不断改正；作品写完后还要花上一段时间不断修改，直到最后定稿。这一过程往往需要花费几个月甚至

几年的时间。但是，正是这种不断自我反省、自我修正的态度和方法，让狄更斯的作品笔墨精雅深奥，结构简练完美，悬念重重巧妙又富有创造性和探索性。

人生就像写作。初稿总免不了存在这样那样的缺陷，想要书写一部完美的作品，就得不断自省、不断修正。就好比狄更斯的作品，若是没有那一遍遍的千锤百炼，又怎能锻造出如此撼动人心的文字呢？

作为企业的掌舵人，应该有自省意识。企业的发展方向，很多时候，就在于自己的一个想法、一个认识，所以从自省中发现自我认知的问题尤为重要。成熟的人，都懂得观心自省，不断反躬自省，检讨自己的言行，才能成为更加优秀的自己。对企业而言，自省也是保持创新的力量源泉。

任正非对待自省的认识值得我们学习，他是这样说的："孔子说'吾日三省吾身'，我是深感其伟大。我一生有那么多经历，我批评别人很多，自我批判更多，每天都想哪些事作对了、哪些事做错了。自我批判不会批垮公司，自我批判不会使大家自卑心增长，反而能够使干部能力更强，沉着冷静，变得更加成熟。我认为一个善于自我批判的人、有素质的人、有成功经验的人，越批判他，事会做得越好。"正是受他的影响，华为集团上下充满了自省和危机意识，最终在日益激烈的竞争中跟上时代的步伐，实现快速转型，并获得机遇和成功。

2000年，正当企业如日中天的时候，任正非满怀忧患地写下了《华为的冬天》一文。文中写道："十年来我天天思考的都是失败，对成功视而不见，也没有什么荣誉感、自豪感，而是考虑怎样才能活下去，怎样才能存活得好一些。失败这一天是一定会到来的，大家要有准备去迎接。这才是我从不动摇的看法，也是历史规律。"

唯有反省才能进步。一个人不管失去多少，只要还能够自我反省，就没有完全失败。人不仅要学会在逆境中反省，更要在顺境中反省。只有这样，我们才能在不断的探索中获得进步，并在不断的改进中得以提升，在不断的总结中得到指引。

"金无足赤，人无完人。"作为建筑装饰行业的龙头企业，威利士一直检视自己在发展过程中的不足和缺点，不断对基本运营模式进行调整，从而实现战略目标。威利士最开始的使命是"致力于安全、健康、幸福生活的行业领先者"，这与早期威利士的多元化战略是密不可分的。最开始威利士想走多元化路径，涉足了不少相关产业，但是现实狠狠地给了威利士教训，我们多面开花的美好愿望变成了残酷的市场竞争。我们未能取得理想成绩，还因为分散了精力，使原本的建筑装饰主业也遇到了不少困难。

威利士坦然面对过失，痛定思痛，最后决定砍掉多余的业务，"舍九取一"，只专注于建筑装饰行业，于是我们高管一致同意把威利士使命改成了"专注把装饰事业做到极致"。在新的战略目标下，威利士很快从不利的境遇中脱困，专注为我们赢得了市场，极致为我们赢得了口碑。

除了自我批评，对于企业领导者而言，批评也是一门艺术。员工在工作中不可避免地会犯错，如果只是粗暴简单地批评员工，不仅不能有效地促进员工工作的改进，反而会严重损伤员工的积极性和自信心。

腾讯公司对员工行为的约束分为三个品牌，即"阳光""瑞雪"和"荣誉"。

"阳光"对应公司严禁的、零容忍的行为，与处罚相关，如贪污、舞弊等违法违规行为。

"瑞雪"对应公司所不倡导的不良行为、不文明现象，如食堂占座、卫生间吸烟、午休时吵闹、坐电梯不排队等。

"荣誉"则对应公司所鼓励的行为。

其中"瑞雪"在腾讯规范员工行为中有很重要的作用，针对员工的不文明行为，可能不适合用严格的惩罚制度去处理，也不可能放任不管，因此采取文化引导的方式，让员工能够养成良好的习惯。"瑞雪"会对非常小、非常具体的行为进行引导，例如班车占座、班车上吃东西、随意占用会议室等行为。

腾讯通过"瑞雪"对员工的行为进行引导，使员工能够自觉地遵守公司所倡导的行为准则，而不是通过一味的高压、强制执行来解决问题，用企业文化中"软"的部分，促进员工价值观的统一。

身为管理层，惩罚犯错的员工，往往是一道大难题。威利士在处理犯错员工的问题时，坚持"实事求是、严宽相济"的原则，对待错误，认真从源头追究，理性分析错误成因，小错小纠，大错坚决处理。

采购部有一名员工，在入职一个月以后的业务测试中，他投机取巧，抄袭别人的答案。在处理这件事上，我十分重视，在简单的业务测试中都会作弊，那么这名员工在后面的采购工作中难免不会利用工作职权，中饱私囊，因此我们坚决予以开除。

正心

我们有一个项目，因为疫情原因耽误了工程进度，最后项目经理为了赶超进度，超负荷加班加点致使工程质量不符合要求，最后全部砸掉整改。但是这名经理认错态度很诚恳，依照规定处罚后，他还是愿意负责把这个项目整改到位。所以，这个项目虽然给威利士带来了不可避免的损失，但是我们最后还是给了这名经理改过的机会。

7.3 沟通文化：把话说透，把爱给够

现代企业越来越重视通过加强内部或外部的沟通来解决各种矛盾和冲突，沟通是现代企业管理的命脉，沟通还是人际关系与情感的基石，良好的沟通可以成就融洽的人际关系。沟通不仅有利于提高工作效率，而且有利于激励员工的积极性。

一个优秀的管理者，一定是一个很好的沟通者，因为他们知道沟通是管理的基础，沟通是人与人交往的桥梁。有沟通才会有理解，只有经常沟通，才能让员工感受到自己是团队的一分子，才能激发员工工作的积极性和战斗力，提高工作效率，为公司创造更多的效益，甚至可以避免安全事故的发生。

威利士认真做好内部的互通信息、交流感情，员工能清楚知道公司的方针、政策和未来的趋势，而威利士高层能了解员工的需要，关心员工的疾苦，在决策中以员工的利益为出发点，不断提升威利士的凝聚力和向心力。

一、把话说透

把话说透，是指威利士在制度上把话说透，建立完善的员工管理

制度，注重培养员工严谨的工作作风和良好的个人习惯，对员工的言行举止做出了规范。

威利士的大多数员工就是别人眼中的"农民工"，但是在威利士，我们要把他们培养成名副其实的"建筑工人"。每一个威利士的员工，通过我们的工程素养培训和专业培训，员工的综合素养和专业技能都会得到提升。

在威利士的工地上，每天早上都会进行关于环境卫生、品质质量的宣誓，通过不停的宣誓，让每一个威利士人都有一种自发的责任感和强烈的归属感。让他们发自内心地认同工作，而并不是为了一两百块钱，工作是神圣的，只要进入工作环境，就不能乱丢烟头，不能随便吐痰。威利士还在不同的区域设置安全警示牌、施工标识标牌，在潜移默化中加强威利士人的安全意识、责任意识、质量意识。

前几年，威利士每年搞尾牙晚会，去预订五星级酒店时，酒店一般都不愿意接单，大堂经理说你们搞建筑工程的不注意卫生，每次搞完晚会，地毯上总有地方被烟头烫坏，还有随地吐痰的，很难清洁。酒店不愿意接单，我们只有跟人家承诺：我们进场是什么样的，走的时候就是什么样子，保证大的垃圾没有，我们不会随口吐痰，地上也不会有烟头，如果有的话，我愿意照价赔偿。

后来搞完晚会，我们兑现了承诺，地上没有一个烟头、没有一口痰，酒店被威利士人的自觉和素养震撼到了，所以这几年我们每年都是在五星级酒店举行尾牙活动，从来没有出现乱丢乱扔乱吐痰的问题。

二、把爱给够

把爱给够，主要是指威利士在文化上把爱给够。威利士经常讲"一群人、一条心、一辈子、一件事"，威利士绝对不会落下任何一个人，让员工有尊严地获得实惠，给员工家庭般照顾。

把爱给够，是强者的能力，更是巨大的愿力。如果说，把话说透，就像是面对身体、关系、事情里的"毒瘤"，需要勇敢地把它挖出来，那么把爱给够，就是好好地缝合伤口，让它愈合。

很多人没有这个意识，不会把爱给出去，更不用说给得够够的。因为他自己都不够爱自己，也不觉得给出爱这件事有多么重要。我想说，把爱给够，这件事太重要了，威力巨大，意义重大。

几年前，威利士组织员工去外面学习培训，有一位员工不愿意去。我们带队的鲍金霞总经理知道这个事情后，晚上加完班后很晚了，还是带着我们高管，去这名员工家里做工作，跟他沟通，一直劝他走出去学习，多学习其他成功人士的经验。鲍总和大家的热情感染了这位不愿意出去学习的同事，他最终答应了参加学习，那次外出学习也取得了良好的效果。大家组成一个团队，共同学习，一起成长，不能丢下团队中的任何一个人。

和鲍总共事多年，不管在生活中还是工作上，鲍总一直用她那春风化雨、润物无声的言行感染着我们周围的人。每次学习宣贯企业文化，鲍总总是身体力行，她的学习笔记已经有数十万字，笔记本叠起来都有一米多了。除了自己学习，她还主动号召身边的人参与学习，她的团队成员经常是威利士的学习之星。

有一年，有一位员工因为工资未结跟班组长发生了冲突，最后还住进了医院。鲍总了解到这件事情之后，就去买了一只鸡，熬夜炖好，清早就给员工送了过去。这件事让员工很感动，虽然挨了打受了伤，但最后他还是很愉快地在鲍总的协助下和班组长达成了谅解。鲍总通过无微不至的关心，把一件本来很大的事情就这样在无形之中处理好了，而且双方都很愉快，并没有闹到不可开交。

鲍总对团队的关怀是无微不至的，特别在外面学习的时候，每次出去学习她都会派专人去采购水果。团队在外学习，一天的课程很紧张，强度较高，一天下来就很辛苦，鲍总会在睡觉前送一份水果给队员们。

鲍总就是这样一个人，在平凡的小事中用爱去行动，每一个和鲍总有过接触的人，都会如沐春风。在鲍总无私大爱的感染下，威利士的团队协作中处处体现着爱的力量。爱出者爱返，威利士的初衷和最终目标就是，让每一个威利士家人都沐浴在爱的阳光下，拥有积极向上的工作和生活。

7.4 党建文化：共筑党建堡垒，引领文明新风尚

随着社会经济的快速发展，企业在经济建设和公共事务方面所发挥的作用备受瞩目。评价一家企业，除了"利"，还要看企业的"德"，也就是说，一家优秀的企业不仅要在商业层面取得成功，还要在关爱员工、诚信经营、创造客户价值、安全生产等社会责任方面作出表率，且要有所贡献。

威利士以"做一家受人尊敬的企业"为愿景，践行"诚信、创新、高效、感恩"的核心价值观，通过对每个项目全力以赴、精益求精、专注细节、把品质做到极致，赢得了客户和业界的认可。

一、同心共筑中国梦

威利士经过20多年的发展，已形成一套独特的管理体系和文化理念。只有把项目做成精品工程，为客户提供贴心服务，方能成就客户。我们持续前行在把品质做到极致的路上，除了拥有一套先进的管理制度外，还需要有科学的文化建设理念加以引导和辅助。

威利士的党建文化在这样的背景下应运而生，以梦为马，驰骋广大，围绕"同心共筑中国梦"这一核心主题，以梦为题眼，以光荣事业、广阔基业、尊敬企业为骨架，分别从三个不同层级的梦想，即"中国梦、

侨海梦、威利士梦"，最终梳理出有信仰、有创意、有抱负、有责任的一套党建文化体系。

党建筑梦。投身一项使命光荣的事业，加强对中国梦的概念、本质内涵和实现途径进行学习和研究，结合新时代党的建设要求，落实到企业内部的组织建设中，发挥党员的模范带头作用。在组织内我们还设有四大专员，从事业、学习、执行和组织四个维度，提升公司组织建设效率。我们倡导大国智造、工匠精神，做为新一代工匠人，我们应在各自岗位上做出应有的贡献，我们工作的意义不只是为了得到工资或薪水，更是为了实现自己的人生理想。为装饰事业做出一番成绩，消除社会对农民工的偏见，我们要把农民工培养成产业工人，把行业推向更高的维度，做一名对社会有用的建筑工人。

合作追梦。投身一份前景广阔的事业，不断学习中国共产党领导的多党合作和政治协商制度的发展史，深入研究致公党党史以及在新时代下所赋予的意义。我们还成立了致公党党员培训基地，学习优秀党员在社会主义建设中所起的重要作用，结合威利士在行业中的发展地位，从而找到我们的定位，立足合作，促进发展，为行业培养更多人才，为行业创造更多精品工程，为行业树立更多典范。

诚信圆梦。以"做一家受人尊敬的企业"为愿景，通过全员学习企业20年发展的奋斗史，让更多同事了解企业发展成果来之不易，需要我们每位成员付出更多努力。我们建立了内部培训、督查官制度、岗前两级培训等公司特色管理制度，这一切都是为了威利士能更好地为这个行业提供更多经验借鉴，为社会尽更多责任，从而激发员工内在的价值需求，让他们在威利士能够实现自己人生的最大理想，成就行业梦，筑就中国梦。

一个组织的可持续发展，离不开一群人拥有共同的价值观和理想，只有同梦想、同行动、同学习、同成长、同付出，才能成就彼此，取得成功。威利士以坚如磐石的信心、只争朝夕的劲头、坚韧不拔的毅力，共同书写新的传奇，合力铸就新的辉煌。

二、威利士党建展示馆

党的十八大以来，以习近平同志为核心的党中央高度重视学习党的历史，习近平总书记明确提出，"历史是最好的教科书"，"学习党史、国史，是坚持和发展中国特色社会主义、把党和国家各项事业继续推向前进的必修课。这门功课不仅必修，而且必须修好"。威利士斗志昂扬，激情满怀，全体员工踔厉奋发、笃行不怠，持续振奋创业精神，不断将党的精神和文化转化为威利士的文化追求，建立党建展示馆，落实以党建文化引领企业发展的企业发展战略。

2020年9月29日上午，全国政协常委、江苏省政协副主席、致公党江苏省委主委麻建国，中共苏州市委统战部常务副部长、市侨联党组书记钱培华，中共苏州市吴中区委统战部常务副部长吴金凤，中共吴中区木渎镇党委统战委员钱军等各级领导共同为"威利士党建展示馆暨中国致公党苏州市党员学习教育基地"揭牌。致公党江苏省委宣传处四级调研员徐筱、中共苏州市委统战部党派处处长毛晓、致公党吴中区基层委员会主委杨静漪及党员代表等参加揭牌仪式。

威利士党建展示馆的正式成立，不仅为党员提供了学习培训的教育基地，更提升了威利士全员提高技能和素质的学习力。我们全体人民坚持在中国共产党的领导下，不忘初心，牢记使命，以信仰之光照亮前行之路。在党的领导下，威利士人坚持不懈奋斗，坚持正本清源、固本培元，始终保持革命者的大无畏奋斗精神，鼓起迈进新征程、奋进新时代的精气神。

在一百年的非凡奋斗历程中，一代又一代中国共产党人在马克思主义的指引下，坚持真理、坚定信仰，顽强拼搏、不懈奋斗，涌现出了一大批视死如归的革命烈士、一大批顽强奋斗的英雄人物、一大批忘我奉献的先进模范，形成了伟大的建党精神，构筑起了中国共产党人的精神谱系。威利士人就是要学习这种精神，在新时代的发展之下，结合企业文化以及发展现状，将党建文化、建党精神学习运用到工作中，让威利士成为一家受人尊敬的企业。

三、强化组织职能

近年来，威利士党支部坚持加强党组织建设，始终以习近平总书记对基层组织建设的系列重要指示批示精神为根本遵循，旗帜鲜明讲政治，有力有序推进各方面工作。深入推进规范化党支部建设，实现党的组织和党的工作全覆盖，确保把基层党组织建设成为实现党的领导的坚强战斗堡垒，以实干实绩书写忠诚答卷。

威利士聚焦使命任务，紧扣发展形势，大力开展宣传思想工作，发挥威利士党支部的主观能动性，积极主动作为，充分挖掘利用红色资源，讲好红色故事，弘扬伟大建党精神，形成一系列红色教育成果。

疫情以来，作为苏州本土企业，威利士在持续为苏州疫情防控工作贡献自己的力量，在党和国家需要我们的时候，威利士义不容辞，全力配合做好保障工作，为苏州抗疫胜利增添底气！

2022年3月，面对当时严峻复杂的疫情防控形势，苏州快速响应，启动方舱医院建设，严防疫情蔓延。4月14日威利士在接到紧急援建苏州方舱医院的通知后，公司高度重视，立即部署开展工作，迅速成立紧急任务工作组，全盘谋划支援工作，紧急集结队伍，连夜组织施工团队进场施工。

疫情就是命令，现场就是战场。援建任务必须做到"安、快、准、细"，确保安全施工，做好自身疫情防护，不容延期，不容返工。我在开工前便对方舱医院援建工作提出了严格要求，确保高质高效完成方舱医院建设任务。为确保方舱高质量高效率建设，公司抽调专业的骨干力量奔赴一线，在保证安全和质量的前提下，以最快速度推进方舱医院建设工作。援建方舱医院，不仅要"快"也要"好"。通过高效健全的现场管理体系，威利士有效开展疫情防控、安全生产、质量控制和进度管理工作。

争分夺秒，刻不容缓。方舱医院建设属于应急工程，时间紧、任务重，防疫后勤、安全生产、保质保量、确保进度、统筹协调，每项工作都考验着项目部的综合能力，我们采取"分区作战，分时推进"模式，经过72小时连续奋战，科学、快速地完成党和政府委派给威利士援建方舱医院的重任。

若有战，召必应。在这场争分夺秒的战斗中，援建人员纷纷表示：我们不讲条件，不怕困难，不打折扣，不辱使命，以威利士人的责任与担当，坚决完成援建任务，为打赢疫情防控阻击战贡献力量。援建工作工期短、任务重，早一个小时建成，就能早一个小时收治病患。周伏明作为公司指定的项目负责人，他说："我只是众多抗疫人员的一分子，作为党员，我响应党的号召，听从组织安排，面对急难险重任务，我义不容辞。"

党旗所指，就是威利士奋斗的目标，在发展过程中，威利士主动承担企业社会责任，为建筑装饰行业全面培养各种人才。同时，我们积极制定行业标准，以身作则，积极为行业的发展建言献策，在行业领域内用诚信和品质、以客户百分百满意的成绩发挥引领作用。

威利士经过20多年的发展历程，始终聚焦建筑装饰行业，具有建筑装饰装修工程专业承包壹级资质、电子与智能化工程专业承包贰级资质、建筑工程施工总承包贰级资质、环保工程专业承包叁级资质，在工程总量、企业规模、管理人员数量和素质、净资产、专业人才等方面都取得了显著的提高和不凡的成绩。

威利士的荣誉离不开全体员工的努力，在各级领导、专家、同行、同事的指导和关怀下，威利士在新技术、新工艺、新材料等研发领域都有重要突破。威利士将一如既往地坚持"建设匠心工程、筑造百年品牌"的使命，严格执行建筑装饰行业设计和施工标准，凭借精湛的设计水平、优质的工程质量、完善的服务体系，为客户提供一流的产品和一流的服务，用工匠之心，诠释项目品质。

公司已连续多年荣获苏州市建筑装饰优秀企业，同时，公司还荣获重合同守信用企业、江苏省质量服务诚信AAA级企业、苏州市文明单位、苏州市模范职工小家、苏州市质量奖、苏州市质量管理优秀奖、苏州市市长质量奖、苏州市高新技术企业、江苏省民营科技企业。荣誉与责任并重，激励与鞭策并举。威利士将珍惜荣誉、再接再厉，切实发挥示范引领作用，不断提升品牌核心竞争力，增强企业综合实力，为推动装饰装修行业的发展贡献力量，真正成为一家受人尊敬的企业，用极致品质与用心服务让中国装饰引领世界装饰的未来！

后　记

踔厉逐梦新征程　奋楫扬帆再出发

　　《威利士典籍》的付梓面世，介绍了威利士精细化、标准化的工艺技术，展现了威利士的工匠水平，宣扬了威利士的工匠精神，得到了同行和许多合作方的首肯和赞誉。从那时起，我便有了再写一本具体介绍威利士"软实力"的书的想法，这便是《正心》的由来。我深知除了高于行业标准的工艺技术实力，威利士的成功还离不开不断发展的威利士企业文化建设。

　　《正心》的成书过程，正是我们遭遇疫情、经济发展面临巨大困难的那段时间，当时许多企业都在艰难度日，整个市场信心不足，一些唱衰之声也不绝于耳。我在编写过程中，心情十分复杂，一是对现在的担忧，二是对未来的期待，我坚信疫情会过去，我们的明天一定是美好的，所以我需要做的就是把握好现在，我要把威利士优秀的企业文化聚拢起来，给员工、给业界一点点有用的向上的力量。但我还是很遗憾，由于笔力有限，无法把威利士的优秀文化全面展示出来，太多的优秀案例、员工、施工项目，我不能一一收录书中，遗珠甚多。《正心》即将出版，党的二十大胜利召开，疫情的阴霾也已经一扫而光，全国上下正是"忽如一夜春风来，千树万树梨花开"的振奋形势，威

正心

利士家人也将奋楫扬帆，整装出发，逐梦新征程。

出发，是坚定不移的初心。在风雨兼程的 20 多年发展过程中，威利士家人们携手同心，爬坡过坎，不断创新，形成了以"做一家受人尊敬的企业"为企业愿景，以"建设匠心工程、筑造百年品牌"为企业使命，以"诚信、创新、高效、感恩"为企业价值观，以"世界级高科技、高品质公司"为企业战略定位的完整企业文化体系。在使命、愿景、价值观和战略定位的加持下，威利士始终保持着正确的航线，不断乘风破浪、披荆斩棘。

出发，是逐梦不止的探索。威利士在稳步发展的同时深刻认识到提升管理的重要性，不断探索高效管理模式，形成了符合企业自身情况的"1234 企业管理体系""138 工程管理模式"以及督查官制度、企业内部预验收制度等相关管理工具，这为威利士优化管理，提升团队战斗力，实现高质量发展提供了宝贵的体系支持。

出发，是与时俱进的学习。学习是前行的源动力，威利士在发展的过程中，尤其重视员工的学习教育，通过不断培训、学习、实践提升全体员工的素质和素养，保持员工不断成长，积极开展企业文化建设，实现管理水平的不断提升。在企业内部培训中，不同的部门组成了不同的培训班，比如财务班、市场班、投标班等。通过"走出去，请进来"，多措并举强化内部学习，积极组织项目观摩活动，开展观摩学习、"六星级心态""教导模式""浓缩 EMBA"等专题培训学习。

出发，是奋楫扬帆的前行。高质量发展是全面建设中国式现代化国家的不竭动力，更是企业的成长之本，我们将持续坚持以品质推动企业发展，以品质守住我们的底线。坚持推行卓越绩效管理模式，落实完善"1234 企业管理体系"和"138 工程管理模式"，践行诚信、创新、高效、感恩的企业价值观，坚持团结奋斗、众志成城、携手并进，共创"做一家受人尊敬的企业"伟大愿景。

　　出发，是踏上崭新的征程。"雄关漫道真如铁，而今迈步从头越。"《正心》的出版，是对威利士20多年成绩的总结，也是对未来再出发的奠基。未来，我们要守正创新、笃行不怠，加大培训和学习力度，不断提高专业水平和服务能力，做到品质优先、降本增效，持续深化卓越绩效管理模式，持续不断地创新，逐梦新征程，创造新未来。

　　征途漫漫，惟有奋斗！愿以后的征程中，威利士家人能同舟共济，不断增强威利士的向心力、凝聚力和创造力，提升威利士的品牌核心竞争力，为推动装饰装修行业的发展贡献力量，真正成为一家受人尊敬的企业！

王衍兵

2023年3月1日